W0011293

Vorwort

»Bayern ist schön!«

Dieser Satz ist so alt wie der Freistaat selbst. Aber Sie fragen sich sicher, was das atemberaubendste Urlaubsland Deutschlands so besonders macht? Das kann ich Ihnen sagen: Die Landschaft, die Natur, die märchenhaften Bauwerke und natürlich die Bayern, die aus ihrer Heimat einen unvergleichlichen Flecken Erde zaubern.

Wir von ANTENNE BAYERN haben für Sie in diesem Buch die 100 schönsten Plätze in Bayern zusammengestellt. Plätze zum Genießen, zum Erleben … Plätze, die Ihr Hirn bereichern und vielleicht auch Ihr Herz öffnen. Und als besonderes Schmankerl haben wir für Sie natürlich auch noch ein paar ganz besondere Geheimtipps dazugepackt … Wir verraten Ihnen, wo Sie ein einmaliges Weißwurstfrühstück mit sagenhaftem Ausblick erleben, wie sich große und kleine Männer ihren Traum vom »Lokführer werden« ganz leicht erfüllen können und wo Sie heute noch auf alten Schmugglerpfaden schleichen können.

Machen Sie sich auf die Entdeckungsreise und erleben Sie Bayern von seiner schönsten Seite. Ich wünsche Ihnen jetzt schon viel Spaß beim Erkunden der 100 schönsten Plätze Bayerns.

Ihr

Wolfgang Leikermoser

Anfahrt **Öffentlich:** Bahnlinie München–Würzburg, ab Würzburg Regionalbahn nach Münnerstadt. **Auto:** A 9 München–Nürnberg, Ausfahrt Kreuz Nürnberg, A 3 Richtung Frankfurt a.M./Würzburg/Bamberg/A 73/Nürnberg-Nord, Ausfahrt Kreuz Fürth/Erlangen, A 73 Richtung Schweinfurt/A 70/Bamberg/Erlangen/Coburg, Ausfahrt A 70 Richtung Schweinfurt/Bamberg, Ausfahrt Dreieck Werntal, A 71 Richtung Erfurt/Bad Neustadt/Bad Kissingen, Ausfahrt Bad Kissingen/Oerlenbach, Richtung Bad Kissingen/Oerlenbach/Rannungen, B 286 bis Münnerstadt fahren.

Informationen Stadt Münnerstadt, Marktplatz 1, 97702 Münnerstadt, Tel. 09733/81050; www.muennerstadt.de. Tourismus GmbH Bayerische Rhön, Spörleinstraße 11, 97616 Bad Neustadt, Tel. 09771/94670; www.rhoen.info.de.

Münnerstadt

1

Mit der über 700 Jahre alten Stadtmauer, den wuchtigen Stadttoren, der spätbarocken Klosterkirche und dem Riemenschneideraltar in der gotischen Pfarrkirche ist Münnerstadt zweifellos einen Ausflug wert. Wenn Sie sportlich ambitioniert sind, kombinieren Sie die Stadtbesichtigung mit einer schönen Fahrradtour.

Die Kleinstadt Münnerstadt liegt sehr reizvoll an den südlichen Ausläufern der Rhön. Bewaldete Berge umgeben sie. Schon vor rund 6.000 Jahren, in der Jungsteinzeit, wurde auf dem heutigen Stadtgebiet gesiedelt. Im Jahr 770 wurde die Stadt erstmals urkundlich als Munirihestat erwähnt. Um das Jahr 1230 entwickelte sich die befestigte Stadt Münnerstadt. In der historischen Altstadt mit ihren zahlreichen fränkischen Fachwerkbauten, einer noch sehr gut erhaltenen Stadtmauer und dem 35 Meter hohen Stadtturm aus dem 13. Jahrhundert erleben Sie noch heute mittelalterliches Flair. Direkt am Marktplatz beeindruckt das Rathaus im Fachwerkstil, das um 1469 errichtet wurde. Weitere historische Gebäude in der Altstadt sind die Zehntscheune, das Landgerichtsgebäude, das Heimatspielhaus, der Henneberger Hof, die Stadtpfarrkirche und die Klosterkirche St Michael. Der älteste Gebäudekomplex der Altstadt ist der Bildhäuser Hof, ursprünglich ein Patrizierhof, später die Stadtniederlassung des Klosters Maria Bildhausen. Das ehemalige Deutschordenschloss beherbergt heute die Sammlungen des Henneberg-Museums.

ANTENNE BAYERN TIPP

Falls Sie gerne mit dem Fahrrad unterwegs sind, empfehlen wir Ihnen die sehr schöne Radtour entlang des Rhönradwegs von Bischofsheim nach Hammelburg (ca. 76 Kilometer). Von Bischofsheim mit seiner historischen Altstadt und dem berühmten Kloster Kreuzberg verläuft der Radweg flach bis leicht abfallend auf einer ehemaligen Bahnlinie in Richtung Bad Neustadt. Dort fahren Sie durch den Kurpark und das Kurviertel in Richtung Niederlauer. Weiter geht's nach Bad Kissingen und schließlich nach Hammelburg, der ältesten Weinstadt Frankens. Nun ist es nicht mehr weit bis nach Münnerstadt. Je nach Kondition und persönlicher Fitness teilen Sie sich die Strecke individuell ein. Fahrradfreundliche Hotels, Pensionen und Gaststätten gibt es entlang der Strecke in großer Auswahl.

Anfahrt **Öffentlich:** Bahnlinie München–
Fulda, ab Fulda Bus nach Bad Brückenau, ab Bad
Brückenau Bus nach Wildflecken-Oberbach.
Auto: A 9 München–Nürnberg, Ausfahrt Kreuz
Nürnberg, A 3 Richtung Frankfurt a.M./Würz-
burg/Bamberg/A 73/Nürnberg-Nord, Ausfahrt
Kreuz Biebelried, A 7 Richtung Hannover/Kas-
sel/Schweinfurt, Ausfahrt Bad Brückenau/Wild-
flecken, B 286 Richtung Bad Brückenau/Wildfle-
cken/Jossa, Ausschilderung nach Wildflecken
folgen.

Informationen Tourismusverband
Franken e. V., Wilhelminenstraße 6, 90461 Nürnberg, Tel. 0911/941510; www.frankentouris-
mus.de. Ballonteam Rhön, Am Torgraben 12,
97653 Bischofsheim, Tel. 09772/930965;
www.ballonteam-rhoen.de. Ballonteam fes-
selnde Rhön, Matthias Schneider, Brembacher-
weg 2d, 36129 Gersfeld/Rhön, Tel. 06654/7209;
www.ballonteam-fesselnde-rhoen.de. Rhöner
Ballöner e. V., 97651 Bischofsheim, Tel. 09772-
7160; www.rhoener-balloener.de.

Ballonfahrten in der Rhön

2

Wünschen Sie sich manchmal, abheben zu können? Frei wie ein Vogel zu sein? Dann sind Sie reif für einen Flug im Heißluftballon. Am besten in der Rhön, dem bayerischen Heißluftballonmekka. Die Schönheit der Rhön mit ihren Bergen und Kuppen aus der Vogelperspektive zu bewundern, ist ein unvergessliches Erlebnis.

Der wohl schönste Startplatz für eine Ballonfahrt in der bayerischen Rhön ist der Kreuzberg beim unterfränkischen Städtchen Wildflecken. Vom Gipfel aus haben Sie einen fantastischen Rundblick weit in das fränkische Land, die hessische Rhön, den Thüringer Wald und den Spessart. Da verwundert es kaum, dass es hier im Umkreis von nur 25 Kilometern zehn Ballonfahrtanbieter gibt.

Sie haben sich für eine Ballonfahrt angemeldet? Prima, dann kann es losgehen. Kleiden Sie sich so, als würden Sie wandern gehen. Wichtig sind stabile Schuhe. Und bringen Sie etwas Zeit mit. Die reine Fahrtzeit in der Luft beträgt eine bis eineinhalb Stunden. Mit Aufrüsten, Fahrt, Bergung, Taufe und Rückfahrt zum Startplatz kommt man aber leicht auf drei bis vier Stunden.

Vom vereinbarten Treffpunkt fährt man gemeinsam zum Startplatz, wo Sie beim Aufbau des Heißluftballons mit anpacken dürfen. Vor dem Abheben macht Sie Ihr Pilot mit dem Ballon vertraut und weist Sie in Ihre »Pflichten an Bord« ein. Und schon heben Sie ab und schweben mit dem Wind über die bewaldeten Kuppen und Hügel der Rhön, ihre kleinen Dörfer und spitzen Kirchtürme. Genießen Sie das unbeschreibliche Gefühl der Schwerelosigkeit und freuen Sie sich, die Welt einmal aus einer ganz anderen Perspektive zu erleben. Irgendwann sucht Ihr Pilot dann ein geeignetes flaches Landegelände. Bei der Landung kippt der Ballon häufig um. Jetzt wissen Sie, warum festes Schuhwerk ratsam ist. Danach ist »Aufräumen« angesagt. Die daran anschließende »Ballönertaufe« mit einem Glas Sekt und dem Überreichen Ihrer Taufurkunde erhebt Sie in den Adelsstand der Ballonfahrer.

Anfahrt

Öffentlich: Bahnlinie München–Würzburg, ab Würzburg Regionalexpress bis Bad Neustadt (Saale), ab Bad Neustadt Bus nach Bischofsheim. **Auto:** A 9 München–Nürnberg, Ausfahrt Kreuz Nürnberg, A 3 Richtung Frankfurt a. M./Würzburg/Bamberg/A73/Nürnberg-Nord, Ausfahrt Kreuz Biebelried, A 7 Richtung Hannover/Kassel/Schweinfurt, Ausfahrt Bad Brückenau/Wildflecken, B 286 Richtung Bad Brückenau/Wildflecken/Jossa, bei St 2289 rechts, bei B 279 rechts, Ausfahrt B 278 auf der linken Seite Richtung Eisenach/Ehrenberg/Bischofsheim a. d. Rhön/Kreuzberg, bei NES 10 rechts, Ausschilderung nach Bischofsheim a. d. Rhön folgen; übe Hochrhönstraße zum Schwarzen Moor fahren.

Informationen

Informationszentrum »Haus der langen Rhön«, Unterelsbacherstr. 4, 97656 Oberelsbach, Tel. 09774/910260; www.biosphaere-rhoen.de. Informationsstelle Schwarzes Moor, Schwarzes Moor 1, 97650 Fladungen, Tel. 09778/748516; www.rhoentravel.de

Schwarzes Moor

3

Schwarzes Moor – schon der Name klingt geheimnisvoll. Man würde sich nicht wundern, wenn hier aus dem Rhön-Moor plötzlich der Hund der Baskervilles auftauchen würde. Man sagt, man könne noch heute ab und zu die Turmuhr einer Stadt schlagen hören. Diese soll im Moor versunken sein, weil ihre Bewohner zu sündig lebten.

Wer weiß, vielleicht hören auch Sie die Uhr, wenn Sie auf Bayerns erstem Moorlehrpfad wandern? Doch keine Sorge, heute ist es ungefährlich, sich dem Schwarzen Moor zu nähern. Sie können es auf einem knapp drei Kilometer langen Bohlensteg erkunden, der 1987 angelegt wurde und sogar mit Kinderwagen oder Rollstuhl befahrbar ist.

Das Schwarze Moor stellt einen einzigartigen Naturraum dar und bietet seltenen Tieren Lebensraum, etwa dem Birkhuhn, das sonst außerhalb der Alpen als ausgestorben gilt, oder der Arktischen Smaragdlibelle. Zwischen 1770 und 1939 wurde im Schwarzen Moor Torf abgebaut, aber zum Glück nur in geringen Mengen, so dass das Gebiet heute immer noch sehr gut erhalten ist.

Beim Zugang zum Schwarzen Moor fällt Ihnen bestimmt ein steinernes Tor auf. Es ist der Eingang zu einem früheren Lager des Reichsarbeitsdienstes, das die Nationalsozialisten 1936 hier errichten ließen. Die Rhön sollte ein nationalsozialistisches Mustergebiet werden. Teile des Moores wurden trockengelegt, Wälder wieder aufgeforstet und Äcker angelegt. Eine Infotafel am Tor gibt heute Aufschluss über diese unrühmliche Zeit. Jetzt ist der als Musterhof angelegte Rhönhof eine Gaststätte, das Lager bis auf das Eingangstor verschwunden.

Erst vor Kurzem wurde ein 17 Meter hoher Aussichtsturm aus Holz errichtet. Von dessen großer Plattform haben Sie einen guten Überblick über das Moor und die Hochrhön.

ANTENNE BAYERN TIPP

Von 1. April bis 31. Oktober können Sie immer samstags um 10 Uhr an einer interessanten geführten Moorwanderung teilnehmen. Treffpunkt ist der Steinerne Torbogen.

Anfahrt **Öffentlich:** Bahnlinie München–Aschaffenburg, ab Aschaffenburg Bus zum Pompejanum. **Auto:** A 9 München–Nürnberg, Ausfahrt Kreuz Nürnberg, A 3 Richtung Frankfurt a. M./Würzburg/Bamberg/A73/Nürnberg-Nord, Ausfahrt Aschaffenburg-Ost, B 26 Richtung Aschaffenburg, bei St 2312 auf St 2309 bis Pompejanum fahren.

Informationen Stadt Aschaffenburg, Dalbergstraße 15, 63739 Aschaffenburg, Tel. 06021/33; www.aschaffenburg.de. Schloss- und Gartenverwaltung Aschaffenburg, Schloss- platz 4, 63739 Aschaffenburg, Tel. 06021/386570; www.schloesser.bayern.de.

Öffnungszeiten April bis 9. Oktober Di–So 9–18 Uhr.

Pompejanum
Aschaffenburg

4

Was wäre Bayern ohne den kunstsinnigen König Ludwig I.? In München hat er viele bedeutende Bauwerke erbauen lassen. Doch nicht nur in der Landeshauptstadt realisierte der König eindrucksvolle Bauprojekte, sondern auch in Aschaffenburg. Dort steht das »Pompejanum«, das Idealbild einer römischen Villa.

Der Italien-begeisterte König Ludwig I. war von den Ausgrabungen in Pompeji so fasziniert, dass er in Aschaffenburg von 1840 bis 1848 ein römisches Wohnhaus originalgetreu nachbauen ließ. Die römische Villa war nicht für ihn persönlich gedacht, sondern sollte Kunstliebhabern eine Möglichkeit zum Studium der antiken Kultur geben. Doch in der Realität erreichte er sein Volk damit kaum.

Ganz anders geht es uns heute beim Besuch im Pompejanum. Die römische Villa fasziniert durch ihre originalgetreue Architektur und Innenausstattung. Um die zwei Innenhöfe, das Atrium mit Wasserbecken zum einen und das begrünte Viridarium im hinteren Teil zum andern, sind im Erdgeschoss Empfangs- und Gästezimmer, Küche und Speisezimmer angeordnet. Die Wandmalereien und Mosaikböden der farbenprächtigen Räume sind an römische Vorbilder angelehnt.

Seit 1994 bilden sie den Rahmen für Kunstwerke aus den Beständen der Staatlichen Antikensammlung in München. Neben römischen Bildnissen, Statuen und Marmorwerken gehören dazu Gebrauchsgegenstände wie ein Schreibstift, eine bronzene Hundemarke, ein Angelhaken oder ein Vorhängeschloss.

Auch der Standort für die römische Villa in Bayern war geschickt gewählt. Das Pompejanum liegt malerisch auf einem Weinberg über dem Main und ist von einem mediterran gestalteten Garten umgeben.

ANTENNE BAYERN TIPP

Speziell an Kinder oder Jugendliche wendet sich die Führung »Zu Besuch bei Familie Nigidius – Alltagsleben einer römischen Familie«, immer am ersten Sonntag im Monat um 16 Uhr.
Museumspädagogischer Dienst, Luitpoldstr. 2, 63739 Aschaffenburg, Tel. 06021/3868866; www.fuehrungsnetz-aschaffenburg.de.

Anfahrt   **Öffentlich:** Bahnlinie München–
Aschaffenburg, ab Aschaffenburg Regionalbahn
bis Miltenberg, ab Miltenberg Regionalbahn bis
Amorbach. **Auto:** A 9 München–Nürnberg, Ausfahrt Kreuz Nürnberg, A 3 Richtung Frankfurt
a.M./Würzburg/Bamberg/A 73/Nürnberg-Nord,
Ausfahrt Dreieck Würzburg-West, A 81 Richtung
Stuttgart/Heilbronn/Tauberbischofsheim, Ausfahrt Ahorn, Richtung Buchen/Hardheim, bei
L 579 links, bei L 514 rechts und bis Amorbach
fahren.

Informationen   Stadt Amorbach, Kelle-
reigasse 1, 63916 Amorbach, Tel. 09373/2090;
www.amorbach.de.

Öffnungszeiten   Mai bis Oktober Mi
16.30–17.30 Uhr, Sa 11–12 Uhr.

Amorbach Templerhaus

5

Das gibt es nicht überall: ein Haus – unten Turm, oben Fachwerk. Die Rede ist vom Templerhaus in Amorbach, das zu den ältesten Fachwerkhäusern in Deutschland zählt. Neben dem Templerhaus treffen Sie in dem romantischen Barockstädtchen auf enge, verwinkelte Gassen, das historische Rathaus und die Abteikirche mit der riesigen Barockorgel.

Wenn Sie vor dem Templerhaus stehen, wird Ihnen auffallen, dass es aus zwei Teilen besteht, die aus verschiedenen Bauphasen stammen. Das Obergeschoss im Fachwerkstil wurde 1291 errichtet, der turmartige Unterbau soll bis zu 100 Jahre älter sein.

Im Laufe der Zeit wechselte das Templerhaus mehrfach seinen Besitzer. Ende des 13. Jahrhunderts gehörte es den »Rüden« von Collenberg, einer Adelsfamilie. Später ging der »Rüdenhof«, wie er ab da genannt wurde, in kleinadeligen Besitz über und ab dem 16. Jahrhundert waren Handwerker und Gewerbetreibende die Eigentümer. Bis 1975 war das Templerhaus bewohnt. 1981 erwarb die Stadt Amorbach das Anwesen, das sorgfältig restauriert und unter Denkmalschutz gestellt wurde. Der Name »Templerhaus« geht auf eine Beschreibung Amorbachs von 1856 zurück und hat nichts mit dem Templerorden zu tun.

Sehr lohnend ist zudem die Besichtigung der spätbarocken Abteikirche Amorbach. Der Innenraum mit seiner prunkvollen Rokoko-Ausstattung wurde von bedeutenden Künstlern ausgeschmückt und beeindruckt auch durch seine Barockorgel, die zu den größten in Europa zählt. Falls Sie Gelegenheit haben, dort ein Orgelkonzert zu besuchen, sollten Sie das tun!

ANTENNE BAYERN TIPP

Lust auf eine Wanderung vor oder nach der Stadtbesichtigung? Aus der Stadt führt ein fünfeinhalb Kilometer langer, landschaftlich sehr schöner Rundweg über den Sommerberg durch ehemalige Weinberge auf den Gotthardsberg. Von dort oben haben Sie einen wunderbaren Blick auf sieben (!) Täler! Der Weg ist mit einem gelben »L« markiert und wird durch 16 informative Stationen rund um das Thema »Sandstein« aufgelockert, dem typischen Gestein der Gegend um Amorbach. Die Gehzeit beträgt gemütliche zwei Stunden.

Anfahrt **Öffentlich:** Bahnlinie München–Aschaffenburg, ab Aschaffenburg Regionalbahn nach Miltenberg, ab Miltenberg Bus nach Großheubach. **Auto:** A 9 München–Nürnberg, Ausfahrt Kreuz Nürnberg, A 3 Richtung Frankfurt a. M./Würzburg/Bamberg/A 73/Nürnberg-Nord, Ausfahrt Wertheim/Lengfurt, Richtung Wertheim/Lengfurt/Miltenberg, bei L 2310 links, bei St 2309 links bis Kloster Engelberg fahren.

Informationen Franziskanerkloster Engelberg, Engelberg 1, 63920 Großheubach, Tel. 09371/948940; www.franziskaner-engelberg.de.

Kloster Engelberg bei Großheubach

6

Anstrengend ist es schon, wenn man die 612 Stufen zum Kloster Engelberg hinaufschreitet. Aber lohnenswert ist es allemal. Von dem beliebten Wallfahrtsort können Sie herrliche Ausblicke genießen. Nach einer Legende haben Engel das Baumaterial die Treppe hinaufgetragen – deshalb heißen die Stufen auch »Engelsstaffeln« …

Auf Ihrem durchaus mühseligen Weg nach oben begleiten Sie sechs Wegkapellen und 14 Kreuzwegstationen – man mag sich gar nicht vorstellen, dass dieser Kreuzweg noch vor 50 Jahren auf Knien gebetet wurde! Wir sind jedenfalls froh, oben anzukommen und genießen den fantastischen Blick über das Maintal und auf Großheubach.

Der geschichtliche Ursprung des Engelbergs lässt sich nicht mehr genau feststellen, ist aber um etwa 1300 zu suchen. Es gilt als sicher, dass in der Nähe des heutigen Klosters eine heidnische Kultstätte existierte. Etwa um 1300 wurde dann eine schlichte Holzkapelle erbaut und dem Erzengel Michael als Kämpfer gegen die heidnischen Götter gewidmet. Wer die kurz danach errichtete Marienstatue aus geschnitztem und bemaltem Holz gestiftet hat, ist nicht überliefert. Die Verehrung des Erzengels Michael und der Gottesmutter war der Beginn der bis heute andauernden Wallfahrten.

Im Jahr 1630 trug der Mainzer Erzbischof Kasimir von Wambold einer Gruppe von Kapuzinermönchen den Bau eines Klosters auf dem Engelberg auf. König Ludwig I. übergab das Kloster 1828 dann jedoch den Franziskanermönchen, die es noch heute bewirtschaften. Das Kloster kann nur im Rahmen einer Führung besichtigt werden. Öffentlich zugänglich ist aber der traumhaft schöne Franziskusgarten. Die stille Atmosphäre mit Kerzenkapelle und Franziskusbrunnen laden zum Verweilen ein.

ANTENNE BAYERN TIPP

Nach dem anstrengenden Aufstieg und der Besichtigung der Klosterkirche haben Sie sich einen genussreichen Aufenthalt im schönen Bier- und Weingarten des Klosters verdient. Dort werden nach altem Rezept gebrautes dunkles Klosterbier, frisch gebackenes Gewürzbrot und selbst gekelterter Wein vom kleinen Weinberg beim Kloster angeboten.

Anfahrt **Öffentlich:** Bahnlinie München–Aschaffenburg, ab Aschaffenburg Bus zum Schloss Mespelbrunn. **Auto:** A 9 München–Nürnberg, Ausfahrt Kreuz Nürnberg, A 3 Richtung Frankfurt a.M./Würzburg/Bamberg/A 73/Nürnberg-Nord, Ausfahrt Rohrbrunn, Richtung Obernburg/Dammbach, auf St 2312, bei St 2308 links, Ausschilderung zum Schloss folgen.

Informationen Schloss Mespelbrunn, Schlossverwaltung, 63875 Mespelbrunn, Tel. 06092/269; www.schloss-mespelbrunn.de.

Öffnungszeiten 1. April bis 1. November, täglich 9–17 Uhr.

Wasserschloss Mespelbrunn

7

Dass sich Hilfsbereitschaft auszahlt, erfahren Sie beim Besuch des zauberhaften Wasserschlösschens Mespelbrunn. Das Wahrzeichen des Spessarts liegt wunderschön in einem verschwiegenen Tal zwischen Frankfurt am Main und Würzburg. Wegen seiner verwunschenen Lage diente es schon häufiger als Kulisse für Film und Fernsehen.

Fast scheint es, als ob es sich vor Besuchern verstecken will, das malerische Wasserschloss Mespelbrunn. Nach einem kurzen Spaziergang taucht es ganz unvermittelt hinter Bäumen auf. Es würde einen nicht überraschen, wenn Dornröschen hier über die Zugbrücke wandeln würde ...

Märchenhaft ist auch die Geschichte des Schlosses. An einem heißen Sommertag 1412 soll der Ritter Hamann von Echter den von der Hirschjagd völlig erschöpften Kurfürsten Johann mit eigener Kraft zur nächsten Quelle getragen haben. Als Dank für die selbstlose Hilfe bekam der Ritter vom Erzbischof Johann von Main den »Platz zum Espelborn« mit der gleichnamigen Quelle geschenkt. Dort legte er mit seinem Haus und Hof den Grundstein für das spätere Schloss. Zum Schutz vor den Spessart-Räubern, die in dieser Zeit ihr Unwesen trieben, baute der Sohn des Ritters das unbefestigte Weiherhaus in ein wehrhaftes Gebäude mit dicken Mauern und Türmen um. Als die Zeiten friedlicher wurden, wurde die abweisende Wasserburg bis zum Ende des 16. Jahrhunderts nach und nach in ein verträumtes Renaissanceschloss umgewandelt.

Noch heute lebt im Südflügel von Schloss Mespelbrunn die Gräfin von Ingelheim, genannt Echter von und zu Mespelbrunn. Der Nordflügel ist teilweise zugänglich und kann im Rahmen einer Führung besichtigt werden. Kommen Sie möglichst früh oder spät, denn dann ist der Besucherandrang nicht zu groß.

Anfahrt   **Öffentlich:** Bahnlinie München–
Würzburg, ab Würzburg Regionalbahn nach
Lohr. **Auto:** A 9 München–Nürnberg, Ausfahrt
Kreuz Nürnberg, A 3 Richtung Frankfurt
a.M./Würzburg/Bamberg/A73/Nürnberg-Nord,
Ausfahrt Marktheidenfeld, Richtung Wertheim/
Kreuzwertheim/Lohr am Main, B 8 Richtung

Lohr/Marktheidenfeld/Triefenstein-Lengfurt,
rechts auf St 2315, bis Lohr fahren.

Informationen   Tourist-Information
Lohr, Schlosspl. 5, 97816 Lohr, Tel. 09352/51522
www.lohr.de; www.spessart-museum.de.

Öffnungszeiten   Di–Sa 10–16 Uhr,
So, Fei 10–17 Uhr.

Schneewittchen-Schloss in Lohr

8

»Haare so schwarz wie Ebenholz, Lippen so rot wie Blut und eine Haut so weiß wie Schnee.« Sie wissen sicher auf Anhieb, wer hier gemeint ist: die bekannteste aller Märchenfiguren der Gebrüder Grimm, das Schneewittchen. Der Legende nach soll das zauberhafte Schneewittchen in einem kleinen Schloss in Lohr am Main gelebt haben.

Das geheimnisvolle Schloss von 1340 liegt in der Altstadt von Lohr, unweit von Hanau, dem einstigen Wohnsitz der Gebrüder Grimm. Mit seinen hoch aufragenden, spitz zulaufenden weißen Türmen können Sie es nicht verfehlen. Der Lohrer Apotheker Karlheinz Bartels, ein bekannter Fabulologe, hat herausgefunden, dass Schneewittchen hier am 19. Juni 1729 als Maria Sophia Margaretha Katharina Freifräulein von Erthal geboren wurde. Ihr Vater, Christoph Philipp von Erthal, war Mainzer Oberamtmann und Direktor der Lohrer Spiegelmanufaktur. Zwei Jahre nach dem Tod von Maria Sophias leiblicher Mutter heiratete er 1743 Claudia Elisabeth von Venningen, geborene Reichsgräfin von Reichenstein. Eines Tages schenkte er ihr einen Spiegel aus seiner Manufaktur – und das Unglück nahm seinen Lauf. Der Rest der Geschichte dürfte bekannt sein …

Manche Menschen denken, dass diese Geschichte ein Märchen ist. Doch ob Sie es glauben oder nicht – ab und zu wird das schöne Schneewittchen auch heute noch in der Stadt gesehen. Vielleicht kommt es gleich um die nächste Ecke? Denn Sie wissen ja, wie Märchen enden: »Und wenn sie nicht gestorben sind, dann leben sie noch heute« – zum Beispiel in Lohr am Main.

Tatsächlich ist heute im altehrwürdigen Schlossgebäude das Spessartmuseum untergebracht. Bei einem Besuch erfahren Sie alles Wissenswerte über den Spessart und seine Menschen. Die Not, die früher in dem düsteren Waldgebiet herrschte, ist ebenso Thema wie die Wirtschaftszweige, die sich aufgrund des Waldreichtums entwickelt haben. Natürlich dürfen auch die legendären Spessart-Räuber nicht fehlen. Liselotte Pulver und das »Wirtshaus im Spessart« lassen grüßen …

Anfahrt **Öffentlich:** Bahnlinie München–
Würzburg, ab Würzburg Regionalbahn nach
Veitshöchheim. **Auto:** A 9 München–Nürnberg,
Ausfahrt Kreuz Nürnberg, A 3 Richtung Frankfurt
a. M./Würzburg/Bamberg/A 73/Nürnberg-Nord,
Ausfahrt Rottendorf, B 8 Richtung Würzburg-
Ost/Dettelbach/Biebelried, Schildern nach
B 8/B 27/Marktheidenfeld/Fulda/Heidelberg/
Stadtring-Nord folgen, auf Schweinfurter Str./B 8,
weiter auf B 27 Richtung Marktheidenfeld/Fulda/
Heidelberg/Stadtring-Nord/Oberdürrbach/
Grombühl, Ausfahrt Veitshöchheim, bis Veits-
höchheim fahren.

Informationen   Schloss und Hofgarten
Veitshöchheim, Echterstraße 10, 97209 Veitshöchheim, Tel. 0931/91582; www.schloesser.bayern.de.

Öffnungszeiten   Ganzjährig ab 7 Uhr
bis Einbruch der Dunkelheit, längstens 20 Uhr.

Rokokogarten in Veitshöchheim

Der vermutlich prachtvollste Rokoko-Lustgarten Deutschlands befindet sich in Veitshöchheim. Bischof Adam Friedrich von Seinsheim verwandelte den Veitshöchheimer Garten in ein beeindruckendes Gesamtkunstwerk mit über 300 Steinfiguren entlang schöner Alleen und Beete, in Lauben und kleinen Seen.

In Veitshöchheim, etwa zehn Kilometer außerhalb von Würzburg, hatten die Würzburger Fürstbischöfe ihr Sommerschloss. Hier waren sie nicht an das strenge Zeremoniell des Würzburger Hofs gebunden und genossen ein freieres Leben. Auch den Hofgarten von Veitshöchheim legten Würzburger Fürstbischöfe an. Wenn Sie zwischen Alleen und von Hecken umsäumten Wegen spazieren, eröffnen sich immer wieder neue Ausblicke auf Lauben, Pavillons, Rondells sowie auf den Großen See. Dort erhebt sich ein zerklüfteter Felsen, »der Parnass«, aus dem Wasser: Auf ihm haben sich die neun Musen mit ihrem Anführer, dem Leier spielenden Apollon versammelt. Und von der Spitze des Berges steigt das geflügelte Dichterross Pegasus in den Himmel, um allen von der Ankunft einer neuen Weltordnung im Zeichen der Wissenschaft und Kunst zu verkünden

Die gesamte Parkanlage schmücken etwa 300 Skulpturen der Würzburger Hofbildhauer Johann Wolfgang van der Auvera, Ferdinand Tietz und Johann Peter Wagner. Der Park besteht aus drei Teilen – Wald-, Laub- und Seenregion –, denen im Rahmen barocker Bilderwelt antike Gottheiten, Personifikationen, Allegorien und Tierdarstellungen zugeordnet sind. Eine faszinierende Welt, die sich Ihnen am besten bei einer Führung erschließt.

ANTENNE BAYERN TIPP

Auch zur »fünften Jahreszeit«, im Fasching, ist Veitshöchheim eine Reise wert: Der Rosenmontagszug durch den Ort und das Treiben der »Schlappsäue« am Faschingsdienstag begeistern Jung und Alt. Außerdem überträgt das Fernsehen alljährlich die berühmte Veitshöchheimer Prunksitzung »Fastnacht in Franken«. Eine Augenweide unter den Gästen ist Bayerns Ex-Ministerpräsident Günther Beckstein, der sich gerne in fantasievoller Verkleidung zeigt.

Anfahrt

Öffentlich: Bahnlinie München–Würzburg. **Auto:** A 9 München–Nürnberg, Ausfahrt Kreuz Nürnberg, A 3 Richtung Frankfurt a.M./Würzburg/Bamberg/A73/Nürnberg-Nord, Ausfahrt Rottendorf, B 8, Richtung Würzburg-Ost/Dettelbach/Biebelried, Richtung B 8/B 27/Marktheidenfeld/Fulda/Heidelberg/Stadtring-Nord, Richtung Würzburg fahren.

Informationen

Eigenbetrieb Congress – Tourismus – Wirtschaft, Am Congress Centrum, 97070 Würzburg, Tel: 0931/372335; www.wuerzburg.de, www.residenz-wuerzburg.de. Staatlicher Hofkeller Würzburg, Rosenbachpalais, Residenzplatz 3, 97070 Würzburg, Tel. 0931/3050923.

Öffnungszeiten

April bis Oktober täglich 9–18 Uhr, November bis März 10–16.30 Uhr. 01.01., Faschingsdienstag, 24., 25. und 31.12. geschlossen.

Würzburg mit Residenz 10

Die Würzburger Residenz gilt als eines der schönsten Schlösser Europas. Kein Wunder, denn es ist ein Gesamtkunstwerk aus französischer Schlossarchitektur, Wiener Barock und oberitalienischem Palast- und Sakralbau. Gelungen ist dieses »Projekt« dem damals noch unbekannten, erst 33 Jahre alten Balthasar Neumann.

Im Jahr 1719 beauftragte der Würzburger Fürstbischof den Baumeister Balthasar Neumann mit dem Bau einer neuen Residenz – keine leichte Aufgabe. Anders als die Münchner Residenz, die über mehrere Jahrhunderte erbaut wurde und Räumlichkeiten verschiedener Epochen besitzt, ist die Würzburger Residenz in knapp einer Generation errichtet worden. Um dieses gewaltige Bauvorhaben zu realisieren, holte sich Balthasar Neumann die besten Köpfe aus Frankreich, Österreich und Italien. Das Ergebnis konnte sich sehen lassen.

Berühmt ist vor allem das Treppenhaus, als freitragende Muldenkonstruktion eine architektonische Meisterleistung. An der prachtvollen Ausstattung des Treppenhauses wirkten hervorragende Künstler mit, darunter der Stuckateur Antonio Bossi und der bedeutendste Freskenmaler des 18. Jahrhunderts, Giovanni Battista Tiepolo. Über der Treppe erstreckt sich das größte Deckenfresko der Welt, ein Meisterwerk Tiepolos.

Darüber hinaus lohnen der prunkvolle Kaisersaal und das Spiegelkabinett einen Besuch. Beide sind nur im Rahmen einer Führung zugänglich. Gleiches gilt für den stimmungsvollen Residenzweinkeller, ebenfalls ein Werk Balthasar Neumanns. Nach vorheriger Anmeldung können Sie hier sogar an einer Weinprobe teilnehmen. Zum Abschluss können Sie die Hofkirche besuchen, die durch eine Tür vom Residenzplatz her zugänglich ist. Mit ihren aufwendigen Fresken ist sie eine der schönsten Kirchen des 18. Jahrhunderts in Deutschland.

ANTENNE BAYERN TIPP

Ein reizvoller Spaziergang führt zur mächtigen Festung auf dem Marienberg, dem Wahrzeichen der Stadt. Spätestens dort oben werden Sie verstehen, warum Würzburg als eine der schönsten barocken Städte Deutschlands gilt.

Anfahrt

Öffentlich: Bahnlinie München–Würzburg, ab Würzburg Bus nach Volkach. **Auto:** A 9 München–Nürnberg, Ausfahrt Kreuz Nürnberg, A 3 Richtung Frankfurt a.M./Würzburg/Bamberg/A 73/Nürnberg-Nord, Ausfahrt Kitzingen/Schwarzach, Richtung Schwarzach/Volkach, auf St 2271 nach Volkach fahren.

Informationen

Tourist-Information Volkacher Mainschleife, Rathaus, Marktplatz 1, 97332 Volkach, Tel. 09381/40112; www.volkach.de.
FPS-Fränkische Personen Schifffahrt, Hauptstraße 42, 97332 Volkach am Main, Tel. 09381/710880; www.mainschifffahrt.info.de.
Kanutour, Information und Buchung: Weingut-Pension Höhn, Köhler, Hausnr. 31, 97332 Volkach-Köhler, Tel. 09381/9253; www.weingut-hoehn.de.

Mainschleife bei Volkach

Liebhaber kulinarischer Genüsse, bitte mal herhören: Mitten im fränkischen Weinland, wo der Main seine schönste Schleife macht, liegt das malerische Städtchen Volkach. Die Region mit seinen sonnenverwöhnten Weinbergen ist wie geschaffen für Genussreisende – vor allem im Frühjahr zur Spargelzeit und im Herbst zur Weinernte.

Wie Sie diese wunderbare Weinlandschaft entdecken wollen, hängt von Ihren Vorlieben ab. Hier einige Vorschläge, Sie brauchen nur noch auszuwählen.

Von Ende März bis Ende Oktober können Sie eine kleine Schiffsrundfahrt entlang der Mainschleife machen. Ausgangspunkt ist das Weinstädtchen Volkach. Die »Undine« schippert rund 90 Minuten mainaufwärts in Richtung Wifeld und wieder zurück nach Volkach. Unterwegs sehen Sie die berühmte Wallfahrtskirche »Maria im Weingarten« und haben einen herrlichen Blick auf die umliegenden Weinberge.

Ein besonderes Erlebnis ist eine Kanufahrt. Man gleitet ruhig über das Wasser, vorbei an romantischen Dörfern, und genießt die Natur und die Flusslandschaft. Ausgangspunkt der (organisierten) Kanutour ist Volkach-Köhler. Von dort kommen Sie mit Boot und Ausrüstung zur gewünschten Einstiegsstelle.

Sie haben lieber festen Boden unter den Füßen und sind gut zu Fuß? Dann wandern Sie doch zwischen Weinreben über den Bergrücken zur Vogelsburg hinauf. In diesem Kloster oberhalb von Escherndorf und Volkach wird seit dem Jahr 906 Wein angebaut. Der Wein- und Biergarten bietet eine hervorragende Einkehrmöglichkeit.

ANTENNE BAYERN TIPP

Sie haben ein Faible für Nostalgiebahnen? Dann macht es Ihnen bestimmt Spaß, mit den roten Oldtimerwagen der Mainschleifenbahn nach Volkach-Astheim zu fahren. Die Fahrt auf der landschaftlich sehr schönen Strecke dauert eine knappe halbe Stunde und bietet immer wieder reizvolle Ausblicke. Immer sonn- oder feiertags ab Seligenstadt bei Würzburg. Förderverein Mainschleifenbahn e. V., Industriestr. 3, 97332 Volkach, Tel. 0152/02482125; www.mainschleifenbahn.de.

Anfahrt

Öffentlich: Bahnlinie München-Nürnberg, ab Nürnberg Regionalbahn nach Kitzingen, von dort Bus nach Sulzfeld am Main
Auto: A9 München-Nürnberg, Ausfahrt Kreuz Nürnberg, A3 Richtung Frankfurt/Würzburg/Bamberg/A73 Nürnberg-Nord, Ausfahrt Kitzingen/Schwarzach, Richtung Kitzingen/Schwarzach/Volkach nach Kitzingen, auf St 2271, Südbrücke, Holländer Weg, St 2270 nach Sulzfeld am Main fahren.

Informationen

Bürgermeisteramt Sulzfeld, Rathausplatz 1, 75056 Sulzfeld, Tel. 07269/780; www.sulzfeld.de.
Weinwanderung: Claudia Borchard-Wagner, Gästeführerin & Weindozentin, Raitzengasse 1-13, 97320 Sulzfeld a. Main, Tel. 09321/922665; www.weinerlebnis-sulzfeld.de.

Weinhalla in Sulzfeld am Main 12

Sie haben richtig gelesen, nicht »Walhalla« sondern »Weinhalla«. Die Weinhalla ist eine überdachte Aussichtsplattform, die inmitten der Sulzfelder Weinberge hoch über dem Main liegt. Der perfekte Platz, um die einzigartige Weinlandschaft zu überblicken. Dabei darf natürlich ein Gläschen guten Sulzbacher Weins nicht fehlen.

Zu dem Aussichtspunkt führt eine schöne »Weinwanderung« durch die Weinberge rund um das hübsche Winzerörtchen Sulzfeld. Ausgangspunkt für den so genannten Maustal-Weinwanderweg von Sulzfeld zur Weinhalla ist das Sulzfelder Haupttor. Vorbei an hübschen kleinen Häusern kommen Sie auf einen Hohlweg, der in die Weinlage Maustal führt. Unterwegs informieren Sie Tafeln über regionale Rebsorten und die harte Arbeit der Sulzfelder Winzer. Der Weg schlängelt sich durch die Landschaft bis hinauf zur Weinhalla, wo Sie bei einem guten Glas Wein und einer fränkischen Brotzeit entspannen und den schönen Blick über Sulzfeld ins Maintal genießen können. Dann geht's wieder zurück.

Sie können die Wanderung auf eigene Faust oder unter kundiger Führung unternehmen, um neben Informationen zum Sulzfelder Weinanbau auch allerlei Anekdoten zu erfahren.

Nach der Weinwanderung steht ein kleiner Bummel durch das reizvoll zwischen Weinbergen gelegene Sulzfeld an. Das Städtchen mit seinen engen, verwinkelten Gassen und seinem Mauerring mit Toren und Türmen hat sich sein mittelalterliches Erscheinungsbild bis heute bewahrt. Sehenswert ist auch die etwas außerhalb gelegene Burg Ravensburg aus dem 13. Jahrhundert. Dort befindet sich ein Restaurant, in dem gepflegte Küche und Weine vom hauseigenen Weingut serviert werden. Wäre das nicht ein wunderbarer Tagesabschluss?

ANTENNE BAYERN TIPP

Falls Ihnen die Weinwanderung zu unsportlich ist, könnten Sie auch am Weinhallalauf teilnehmen, der alljährlich im Hochsommer stattfindet. Auf knapp sieben Kilometern läuft man durch Maustal und Cyriakusberg und überwindet dabei etwa 200 Höhenmeter. Informationen und Anmeldung unter www.weinfest-sulzfeld.de.

Anfahrt **Öffentlich:** Bahnlinie München–Nürnberg, ab Nürnberg Regionalzug nach Neustadt/Aisch, von dort Regionalzug nach Bad Windsheim. **Auto:** A 9 München–Nürnberg, Ausfahrt Dreieck Nürnberg/Feucht, A 73 Richtung Fürth/Nürnberg, weiter Richtung Würzburg/Bamberg, B 8 Ausfahrt Bad Windsheim, B 470 nach Bad Windsheim.

Informationen Fränkisches Freilandmuseum, Eisweiherweg 1, 91438 Bad Windsheim Tel. 09841/66800; www.freilandmuseum.de.

Öffnungszeiten 12. März bis 11. Dezember täglich außer Mo; Ausnahmen: Oster- und Pfingstmontag und vom 6. Juni bis 12. September.

Freilandmuseum Bad Windsheim

13

Kaum zu glauben! Die rund 100 Gebäude, die Sie im Fränkischen Freilandmuseum Bad Windsheim sehen, standen ursprünglich an anderen Orten in Franken. Nun stehen sie so, dass man das Gefühl hat, von Dorf zu Dorf zu wandern. Anschaulicher kann eine Entdeckungsreise in die Vergangenheit der fränkischen Landbevölkerung kaum sein.

Auf dem 50 Hektar großen Gelände präsentieren sich typisch fränkische Gebäude aus 700 Jahren – das älteste stammt aus dem Mittelalter, das jüngste aus dem 20. Jahrhundert. Das Museum zeigt, wie die Menschen vor allem aus den mittleren und einfachen Bevölkerungsschichten in fränkischen Dörfern und Kleinstädten gelebt, gearbeitet und ihre Freizeit verbracht haben. Zu sehen gibt es mehrere Bauernhöfe, Scheunen, Mühlen, Schäfereien, Handwerker- und Taglöhnerhäuser, außerdem Gemeindebauten wie Kirche, Wirtshaus, Dorfschule und Brauhaus. Im Sommerhalbjahr machen Museumshandwerker alte Handwerkstechniken lebendig. So können Sie die alte Mühlentechnik in einer Ölmühle unter die Lupe nehmen, Schmied und Fassmacher bei der Arbeit zusehen und sich zeigen lassen, wie früher aus Holz Schuhe, aus Lehm Ziegel und aus Kräutern Medizin hergestellt wurden.

Alle Gebäude, die Sie beim Rundgang durch das weitläufige Museumsgelände bewundern können, wurden an ihren ursprünglichen Standorten in mühevoller Kleinarbeit zerlegt und hierher gebracht. Bei diesem aufwendigen »Umzug« achtete man auch auf die ursprüngliche Lage jedes Hauses, ob es beispielsweise am Rand oder in der Mitte des Dorfes, an einem Bach oder auf einem Hügel gebaut war.

Im Freilichtmuseum gibt es nicht nur Gebäude zu besichtigen. Zum bäuerlichen Alltag gehörten immer auch Nutztiere wie Schweine, Kühe, Ziegen und Hühner. Sogar Gänse laufen frei herum. Anfassen sollte man sie jedoch besser nicht. Besonders beeindruckt hat uns die Schäferei von Hambühl mit Schafstall und Schäferwohnung. Die karge Einrichtung veranschaulicht das armselige Leben eines Schäfers mehr als deutlich.

Anfahrt

Öffentlich: Bahnlinie München–Nürnberg, ab Nürnberg Regionalexpress nach Bamberg, ab Bamberg Bus nach Pommersfelden. **Auto:** A 9 München–Nürnberg, Ausfahrt Kreuz Nürnberg, A 3 Richtung Frankfurt a.M./Würzburg/Bamberg/A 73/Nürnberg-Nord, Ausfahrt Pommersfelden, B 505 Richtung Bamberg, Ausfahrt auf St 2285, bei St 2263 rechts nach Pommersfelden fahren.

Informationen

Schloss Weissenstein in Pommersfelden, 96178 Pommersfelden, Tel. 09548/98180; www.schoenborn.de.

Öffnungszeiten

1. April bis 31. Oktober täglich 10–17 Uhr (letzte Führung 16 Uhr). Der Park ist ganzjährig geöffnet.

Pommersfeldener Schloss Weissenstein

14

Möchten Sie eintauchen in die prachtvolle Welt des Barock? Im imposanten Schloss Weissenstein in Pommersfelden erwartet Sie eine der glanzvollsten Barockanlagen Frankens. Höhepunkte sind das älteste komplett erhaltene Spiegelkabinett Deutschlands und ein großartiges dreigeschossiges Treppenhaus.

Der dreiflügelige Barockbau zieht seine Besucher bereits bei der Anfahrt in seinen Bann. Das Pommersfeldener Schloss wurde zwischen 1711 und 1718 als Sommerresidenz für Lothar Franz Graf von Schönborn, Fürstbischof von Bamberg und Kurfürst von Mainz, erbaut. Eine großzügige Schenkung von Kaiser Karl VI. ermöglichte es ihm, mehrere namhafte Architekten mit der Planung der weitläufigen Anlage zu beauftragen.

Für die prunkvolle Innenausstattung verpflichtete der Bauherr ebenfalls die berühmtesten Künstler seiner Zeit und brachte zudem eigene Ideen ein. Er plante selbst das großartige Treppenhaus im Mittelbau, das mit wunderschönen Fresken von Johann Rudolph Byss und Giovanni Francesco Marchini ausgestattet ist. Berühmt sind außerdem der fantasievoll ausgeschmückte Grottensaal und das von Ferdinand Plitzner gestaltete Spiegelkabinett. Der prunkvoll mit Spiegeln dekorierte Raum ist der älteste in Deutschland komplett erhaltene seiner Art. Auch die Wohnräume des Schlosses zeugen mit ihren Stuckdecken, Marmorkaminen, kostbaren Tapeten und kostbaren Möbeln von der ganzen Pracht des Barock. Wenn Sie sich für Kunst interessieren, besuchen Sie die hervorragende Gemäldesammlung, die unter anderem Werke von Rubens und van Dyck zeigt. Krönender Abschluss ist ein Spaziergang durch den Schlosspark im englischen Landschaftsstil mit frei laufendem Damwild und Wildvögeln.

Anfahrt **Öffentlich:** Bahnlinie München–Bamberg. **Auto:** A 9 München–Nürnberg, Ausfahrt Kreuz Nürnberg, A 3 Richtung Frankfurt a.M./Würzburg/Bamberg/A 73/Nürnberg-Nord, Ausfahrt Kreuz Fürth/Erlangen, A 73 Richtung Schweinfurt/A70/Bamberg/Erlangen/Coburg, Ausfahrt Bamberg-Süd.

Informationen Bamberg Tourismus und Kongress Service, Geyerswörthstraße 5, 96047 Bamberg, Tel. 0951/2976200; www.bamberg.info.

Bamberg

15

Die über 1000 Jahre alte Kaiser- und Bischofsstadt in Nordbayern ist eine der romantischsten Städte Deutschlands. 1993 wurde sie in das UNESCO-Weltkulturerbe aufgenommen. Doch Bamberg zehrt nicht nur von seiner Vergangenheit. Die schöne Stadt an der Regnitz ist eine quirlige Universitätsstadt mit ausgeprägtem kulturellem Leben.

In Bamberg gibt es viel zu entdecken: die historische Bergstadt mit ihren engen Gassen und dem berühmten Kaiserdom; die Inselstadt, einst alte »Bürgerstadt«, heute lebendiges Geschäftszentrum mit der Universität und vielen Cafés; das malerische »Klein Venedig« am Ufer der Regnitz; und über der Stadt die Burg Altenburg.

Am besten beginnen Sie Ihre Stadterkundung in der Bergstadt, der Bamberg seinen Ruf als »Fränkisches Rom« verdankt. Auf dem Domberg war vom 11. Jahrhundert bis 1802 das geistliche und weltliche Machtzentrum. Hier befinden sich mit dem Kaiserdom St. Peter und Georg, der barocken Neuen Residenz und der Alten Hofhaltung die bekanntesten Bauwerke. Über der Bergstadt thront die Burg Altenburg, von deren Aussichtsterrasse Sie einen fantastischen Blick auf Bamberg haben.

Anschließend empfehlen wir einen Spaziergang durch die Inselstadt, das heutige Zentrum Bambergs mit historischen Häusern, der Universität und Studentenkneipen. Hier findet täglich ein Wochenmarkt statt, auf dem regionale Produkte verkauft werden. In der Austraße blüht die Café- und Kneipenszene. Hübsche, kleine Läden laden zum Bummeln ein.

Auch kulinarisch ist in Bamberg einiges geboten. Viele der jahrhundertealten Gebäude beherbergen gemütliche Gasthäuser, in denen Bier von einer der zehn in Bamberg ansässigen Brauereien ausgeschenkt wird. Dazu schmeckt eine herzhafte fränkische Brotzeit. Im »Hofbräu« am Alten Rathaus treffen sich die Bamberger auf ein »Seidla«, wie hier eine Halbe Bier heißt. Das berühmte »Schlenkerla« mit seinem süffigen Rauchbier findet sich in jedem Reiseführer, wird aber auch von Einheimischen besucht. Das sind nur ein paar Tipps – Sie werden bestimmt noch mehr entdecken!

Anfahrt **Öffentlich:** Bahnlinie München–Nürnberg, ab Nürnberg Regionalbahn nach Coburg, ab Coburg Bus nach Seßlach. **Auto:** A 9 München–Nürnberg, Ausfahrt Kreuz Nürnberg, A 3 Richtung Frankfurt a.M./Würzburg/Bamberg/A 73/Nürnberg–Nord, Ausfahrt Kreuz Fürth/Erlangen, A 73 Richtung Schweinfurt/ A 70/Bamberg/Erlangen/Coburg, Ausfahrt B 4, Richtung Coburg/ Rattelsdorf, bei St 2204 links, bis Seßlach.

Informationen Stadt Seßlach, Marktplatz 98, 96145 Seßlach, Tel. 09569/92250; www.sesslach.de.

Seßlach

16

»Fränkisches Rothenburg« wird die kleine Stadt Seßlach im Coburger Land gerne genannt. Wenn Sie durch eines der drei Stadttore in das Bilderbuchstädtchen kommen, wissen Sie auch gleich warum. Die mittelalterliche Idylle bringt selbst nüchterne Geister ins Schwärmen. Ein echter Geheimtipp!

Das ist selten: Die drei Seßlacher Stadttore werden jeden Samstag ab 14 Uhr bis Sonntagabend geschlossen. Beste Gelegenheit, ohne störenden Autoverkehr durch die historische Altstadt zu bummeln. Als Einlass für Fußgänger dient das so genannte »Nadelöhr«, eine Schlupftür in den Stadttoren. Überzeugen Sie sich selbst. Zur mittelalterlichen Altstadt mit ihren malerischen Fachwerkhäusern, dem alten Kopfsteinpflaster und den winkligen Gässchen passt das autofreie Szenario ganz ausgezeichnet. Kein Neubau und keine asphaltierte Straße stören das harmonische Gesamtbild. Man fühlt sich fast wie im Mittelalter. Denn anders als in manch anderer pittoresken Kleinstadt gibt es hier (noch) keine Touristenströme.

In Seßlach fällt positiv auf, dass nicht nur Vorzeigebauten wie die gotische Johanneskirche, der dreistöckige Kornschüttboden oder das Rathaus aus dem 16. Jahrhundert saniert wurden, sondern auch »normale« Bürgerhäuser. Zusätzlich trägt zur authentischen Atmosphäre bei, dass in der Altstadt traditionelles Handwerk noch lebendig ist – angefangen von Metzger, Bäcker und Brauer, die für das leibliche Wohl sorgen, bis hin zu Schmied, Schuster, Kürschner und Holzbildhauer.

Anfahrt **Öffentlich:** Bahnlinie München–
Nürnberg, ab Nürnberg S-Bahnline S 1 nach
Bamberg, von dort Regionalzug nach Lichtenfels,
ab Lichtenfels Regionalzug nach Coburg. **Auto:**
A 9 München–Nürnberg, E 45, Ausfahrt Kreuz
Nürnberg, A 3 Richtung Frankfurt a.M./Würz-
burg/Bamberg, A 73 Nürnberg-Nord bis Ausfahrt
Kreuz Fürth/Erlangen, A 73 Richtung Schwein-
furt, A 70 Bamberg/Erlangen/Coburg, Ausfahrt
Untersiemau, B 289, B 4, Ausschilderung nach
Coburg folgen.

Informationen Kunstsammlungen der
Veste Coburg, 96450 Coburg, Tel. 09561/ 8790
und -79; www.kunstsammlungen-coburg.de.

Öffnungszeiten 1. April bis 31. Oktober
Di–So 9.30–17 Uhr, 1. November bis 31. März Di–
So 13–16 Uhr, Ostermontag und Pfingstmontag
geöffnet, 24., 25. und 31.Dezember geschlossen.

Veste Coburg

Schon von Weitem sehen Sie die »Fränkische Krone«, wie die Veste Coburg, eine der größten Burgenanlagen Deutschlands, genannt wird. Majestätisch thront sie auf einem nach drei Seiten abfallenden Dolomitfelsen hoch über dem Hügelland zwischen Thüringer Wald und oberem Maintal. Kleine und große Burgenfans werden begeistert sein.

Auf dem Burgberg angekommen, haben Sie zwei Möglichkeiten: Entweder Sie erkunden die Burganlage mit ihren zwei Innenhöfen von außen und genießen den grandiosen Rundblick. Oder Sie besichtigen sie von innen – auf eigene Faust, mit Audioguide oder im Rahmen einer Führung.

Ein Höhepunkt der Innenbesichtigung ist die Lutherstube, wo der bedeutende Reformator an seiner berühmten Bibelübersetzung gearbeitet hat. In der Großen Hofstube staunen Sie über den großen, vollständig erhaltenen Eisengussofen und anschließend über das einzigartige Jagdintarsienzimmer. Die umfangreichen Sammlungen zeigen unter anderem historische Rüstungen und Kriegswaffen, Jagdwaffen und Jagdgerät, kostbares Kunsthandwerk und die ältesten Kutschen der Welt. Beeindruckend sind die Gemälde von Lucas Cranach und den altdeutschen Malern Dürer, Grünewald, Holbein sowie die Plastiken von Tilman Riemenschneider.

Kurz zur Geschichte der Veste: Erstmals erwähnt wurde sie 1056. Die Anfänge der heutigen Burg fallen in die Stauferzeit Anfang des 13. Jahrhunderts. Wegen ihrer strategischen Bedeutung wurde die Veste in den folgenden 150 Jahren weiter ausgebaut. Eine kulturelle Blüte erlebte sie Anfang des 16. Jahrhunderts unter den sächsischen Landesfürsten. Ab 1838 wurde sie unter Herzog Ernst I. in ein Museum umgestaltet. Heute zählen ihre Kunstsammlungen zu den bedeutendsten kunst- und kulturgeschichtlichen Sammlungen Deutschlands.

ANTENNE BAYERN TIPP

Bei Familienführungen auf der Veste dürfen Kinder einen echten Ritterhelm tragen. Außerdem erfahren Sie mehr über das Leben bei Hofe, höfische Jagd, Turniere und den Gebrauch von Waffen und Rüstungen. Termine: 16. Juli bis 11. September Sa, So 11 Uhr, Anmeldung nicht nötig.

Die Festung Rosenberg
in Kronach

18 Festung Rosenberg in Kronach

Wild in der Umgebung wachsende Rosenbüsche gaben der Festung Rosenberg ihren Namen. Doch romantisch war es hier nie. Denn die Festung diente seit ihren Anfängen als nördliche Bastion des Hochstifts Bamberg. Heute ist die mächtige und überaus sehenswerte Befestigungsanlage ein lebendiger Ort mit vielen Veranstaltungen.

Sie werden nicht nur von der Größe des Bauwerks beeindruckt sein. Auch die Architektur ist außergewöhnlich. Sie vereint Baustile vom 13. bis ins 18. Jahrhundert. Dieses spannende Miteinander unterschiedlichster Bauepochen zeigt bis heute die einst strategische Bedeutung der Festung Rosenberg.

Die Festung erreichen Sie von der Kronacher Innenstadt in nur wenigen Minuten zu Fuß. Verbinden Sie doch die Besichtigung der Festung mit einem Spaziergang durch den Festungswald. Von dort eröffnen sich immer wieder neue Perspektiven auf die Festung. Eine fränkische Brotzeit in der Festungsgaststätte oder im Biergarten rundet den Tag köstlich ab.

Aus der einstigen Verteidigungsbastion ist heute ein Veranstaltungsort mit einem vielfältigen Angebot geworden. Im Sommer finden beispielsweise die beliebten Faust-Festspiele statt. Außerdem können sich Hobbykünstler bei einer Sandsteinakademie am Kronacher Sandstein versuchen. Eine kinderpädagogische Führung versetzt unsere lieben Kleinen in die faszinierende Zeit des Mittelalters und der Bamberger Fürstbischöfe.

Anfahrt   **Öffentlich:** Bahnlinie München–Lichtenfels, ab Lichtenfels Regionalbahn nach Kronach. **Auto:** A 9 München–Nürnberg, Ausfahrt Kronach.

Information   Tourismus- und Veranstaltungsbetrieb der Stadt Kronach, Marktplatz 5, 96317 Kronach, Tel. 09261/97236; www.kronach.de.

Öffnungszeiten   April bis Oktober Di–So 9–18 Uhr, November bis März Di–So 10–16 Uhr.

Lokland in Selbitz

Die ganze Familie und ein paar Freunde haben mitgeholfen, damit sich Berthold Rakowitz aus dem beschaulichen Selbitz seinen größten Kindheitstraum erfüllen konnte: eine naturgetreue Modellbahnausstellung mit allem, was dazugehört. Ein Ausflug ins »Lokland« ist ein unvergessliches Erlebnis für die ganze Familie.

Auf insgesamt 500 Quadratmetern Hallenfläche und 150 Quadratmetern Anlagenfläche hat das Team um Rakowitz eine eigene Welt im Maßstab 1:87 aufgebaut. Bis zur Eröffnung im Jahr 1996 wurden rund 500 Meter Glattkantbretter zu 36 Gestellen zusammengefügt und auf 144 Füße gestellt. Über 400 Meter Schienen mussten die Hobbybastler verlegen und mit 100 Weichen zu einem Streckennetz zusammenfügen. Und damit nicht genug: Die Ausstellung wird ständig erweitert und überarbeitet.

Sie werden sehen: Das Ergebnis dieser jahrelangen Arbeit sind faszinierend naturgetreue Modelllandschaften, ausgestattet mit unglaublich viel Liebe zum Detail. Im Mittelpunkt stehen rund 60 Zuggarnituren aus allen Epochen der Eisenbahngeschichte mit über 600 Wagen. Der Intercity-Express fährt im Lokland ebenso über die Schienen wie Regionalexpress und Güterzug. Doch es gibt nicht nur Züge und Loks zu bewundern. Zur Anlage gehören unter anderem auch ein Bauernhof mit Wohnhaus, Scheune und Stallungen. Es macht wirklich Spaß, sich diese Szenerien anzusehen!

Anfahrt   **Öffentlich:** Bahnlinie München–Hof, ab Hof Regionalbahn nach Selbitz. **Auto:** A 9 München–Nürnberg, Ausfahrt Naila/Selbitz, B 173 Richtung Naila/Selbitz/Bad Steben, auf HO 33 bis Selbitz fahren.

Informationen   Lokland, Waltraud Rakowitz, Hofer Str. 14, 95152 Selbitz, Ausstellung Tel. 0171/5339870, Büro Tel. 09252/92294; www.lokland.de.

Öffnungszeiten   Siehe www.lokland.de.

Anfahrt **Öffentlich:** Bahnlinie München–Regensburg, ab Regensburg Regionalzug bis Hof, ab Hof Bus Richtung Schleiz bis Töpfen. **Auto:** A 9 München–Nürnberg, Ausfahrt Bayerisches Vogtland, A 72 Plauen–Dresden, Ausfahrt Hof-Töpen.

Informationen Deutsch-Deutsches Museum Mödlareuth, Mödlareuth 13, 95183 Töpen, Tel. 09295/1334; www.moedlareuth.de.

Öffnungszeiten 1. März bis 31. Oktober Di–So, 9–18 Uhr, 1. November bis Ende Februar Di–So 9–17 Uhr.

Mödlareuth – »Little Berlin«

Modlareuth steht für eine hochspannende und lebendige deutsch-deutsche Geschichte. George Bush nannte das Dorf an der bayerisch-thüringischen Grenze »Little Berlin«. Denn ebenso wie sein »großer Bruder« Berlin wurde Mödlareuth nach dem Zweiten Weltkrieg zum Symbol der deutschen Teilung.

Doch tatsächlich erfolgte die Teilung im 50-Seelen-Dorf schon früher, nämlich Anfang des 19. Jahrhunderts. Mödlareuth gehörte damals zwei verschiedenen Landesherren, dem Königreich Bayern und dem Fürstentum Reuß. Entlang des Tannbaches finden Sie noch heute die Grenzsteine von 1810 mit den Initialen »KB« (Königreich Bayern) auf der westlichen und »FR« (Fürstentum Reuß) auf der östlichen Seite. Nach dem Ersten Weltkrieg ging der Westteil in den neuen Freistaat Bayern, der Ostteil in das Land Thüringen über. Den Alltag der hier lebenden Menschen störte das wenig. Wirtshaus und Schule lagen im Osten, zum Gottesdienst ging man in den Westen.

Das sollte in den Jahren nach Ende des Zweiten Weltkriegs anders werden. Mit der Gründung der beiden deutschen Staaten 1949 gehörte der Ostteil zur DDR, der Westteil zur BRD. 1952 wurde ein 10 Meter breiter Kontrollstreifen angelegt, wenig später ein Bretterzaun. 1961 kam ein Stacheldrahtzaun dazu, 1966 eine 700 Meter lange Betonmauer. Knapp 40 Jahre sollte dieses Schreckensszenario andauern.

Doch dann fiel die Berliner Mauer und einen Monat später, am 9. Dezember 1989, durchschritten auch die Mödlareuther Bürgermeister »ihre« Mauer. Ihnen folgten über tausend Menschen aus Bayern, Sachsen und Thüringen, die ihre neue Freiheit ausgelassen feierten. Am 17. Juni 1990 trug ein Bagger die Mauer ab. Die Idee für ein Museum zur Geschichte der Deutschen Teilung entstand. Das Museum »Mödlareuth« dokumentiert die Geschichte der deutschen Teilung von 1944/45 bis 1990. Teile der Mauer, des Gitterzaunes und der Beobachtungsturm sind Mahnmale dieses unschönen Kapitels unserer Geschichte.

21 Fernwehpark in Hof

Die »Welt« ist in Hof zu Hause – genauer gesagt im »Hofer Fernweh-park«. Dieser in Europa einmalige Park bietet seit dem 9.11.1999 Besuchern aus aller Welt die Möglichkeit, sich mit dem Ortsschild ihrer Heimatstadt, ihrem Straßenschild, Autokennzeichen oder einem anderen, möglichst originellen Logo zu verewigen. Einfach, aber genial!

Initiator des Parks war der Hofer Filmemacher und Buchautor Klaus Beer. Bei Dreharbeiten in Watson Lake in Kanada entdeckte er den »Sign Post Forest«, die amerikanische Version des Fernwehparks. Er war von dieser Idee so begeistert, dass er in seiner Heimatstadt Hof eine ähnliche Attraktion schaffen wollte.

Anfangs stieß der reiselustige Franke in seiner Heimat auf große Skepsis, mittlerweile hat sich der Park aber zur Touristenattraktion Nummer eins entwickelt. Touristen aus aller Welt kommen hierher nach Hof und hinterlassen »ihre« Schilder – bisher sind es an die 4000 Stück aus allen Erdteilen!

Der Hofer Fernwehpark soll nicht einfach nur ein bunter Schilderwald sein. Es steckt mehr dahinter: Menschen aus aller Welt setzen mit ihren Schildern ein Zeichen für Frieden und Zusammengehörigkeit aller Völker und Nationen, egal welcher Hautfarbe, Religion oder politischer Gesinnung sie sind. Eine zusätzliche Attraktion ist der »Signs of Fame«, wo der Dalai Lama und Hollywoodstars wie Kevin Kostner und Denzel Washington mit signierten Star-Schildern und ihren Handabdrücken die Friedensidee des Parks auf ihre persönliche Art um die Welt tragen.

Anfahrt   Öffentlich: Bahnlinie München–Nürnberg, ab Nürnberg Regionalbahn nach Hof. **Auto:** A 9 München–Nürnberg, weiter auf A 9 Richtung Berlin/Dresden/Bayreuth/Regensburg/A 3, Ausfahrt Hof-West, B 15 Richtung Hof/Schauenstein/Konrads-reuth/Leupoldsgrün, Ausschilderung nach Hof folgen.

Informationen   Hofer Fernwehpark »Signs of Fame« e. V., Ernst-Reuther-Str. 54, 95032 Hof; www.fernweh-park.de.

Fossilienklopfen auf der Hohenmirsberger Platte 22

Alle, die schon immer Forscher werden wollten oder diese Karriere noch vor sich haben, sind beim Fossilienklopfen auf der Hohenmirsberger Platte richtig: Hier kann man unter fachkundiger Anleitung mit Hammer und Meißel Steinbrocken aus der Jurazeit bearbeiten und tolle Fossilien entdecken – mit 100-prozentiger Erfolgsgarantie.

Vor über 150 Millionen Jahren befand sich in der Gegend um Pottenstein das Jurameer, in dessen Tiefen unglaubliche Wassertiere, laufende Muscheln und andere Ungeheuer lebten. Heute ragen hier gewaltige Felsen in die Höhe, darunter die Hohenmirsberger Platte. Mit 614 Metern über dem Meeresspiegel ist sie einer der höchsten Punkte der Fränkischen Schweiz. In diesen Felsen sind Millionen von Fossilien eingeschlossen – eine wahre Fundgrube für Hobbyforscher! Familien mit Kindern kommen besonders gerne hierher. Unter fachkundiger Anleitung können Sie selbst Ihr ganz persönliches Souvenir aus der Fränkischen Schweiz bergen und vor Ort präparieren.

Wenn Sie genug gehämmert und gemeißelt haben, besteigen Sie die 110 Stufen des gut 20 Meter hohen Aussichtsturms. Im Info-Pavillon nebenan erfahren Sie Wissenswertes über Gesteinsschichten und Versteinerungen. Hier startet auch ein geologischer Rundweg, der sogar kinderwagentauglich ist, zu markanten Punkten rund um den Hohenmirsberg.

Anfahrt   **Öffentlich:** Bahnlinie München–Nürnberg, ab Nürnberg Regionalbahn nach Bayreuth, ab Bayreuth Bus nach Hohenmirsberg, Pottenstein. **Auto:** A 9 München–Nürnberg, Ausfahrt Trockau, Richtung Waischenfeld/Creußen/Lindenhardt, bei St 2184 rechts, bei St 2163 links bis Hohenmirsberg.

Informationen   Geozentrum, Hohenmirsberger Platte, 91278 Hohenmirsberg, Tel. 0170/8861400; www.franken-tour.de.

Öffnungszeiten   April bis Mai Sa, So 10–17 Uhr, in den bayerischen Oster- und Pfingstferien täglich 10–17 Uhr, Juni–10. September täglich 10–17 Uhr, 11. September bis Oktober Sa, So 10–17 Uhr, Mo, Di Ruhetag. Gruppen nach Voranmeldung jederzeit.

23 Silbereisenbergwerk Gleißinger Fels

Helm auf den Kopf und Grubenlampe in die Hand – und schon sind Sie ein echter Bergmann. Seit rund 500 Jahren ist das Silbereisenbergwerk »Gleißinger Fels« in Betrieb und damit das älteste in Nordbayern. Seinen Namen verdankt es dem Glitzern des Eisenglimmers. Echtes Silber hat man hier dagegen nie gefunden.

Am Eingang des Bergwerks werden Sie erst einmal neu eingekleidet – mit »echter« Grubenkleidung, Helm und Grubenlampe. Bei einer fachkundigen Führung erhalten Sie einen authentischen Einblick in die schwere Arbeit der Bergmänner. Der historische Abbau des Eisenglimmers wird dabei ebenso erklärt wie der Transport des Erzes. Eindrucksvoll ist der Blick in einen bis unten beleuchteten Kurbelschacht. Ein besonderer Höhepunkt der Führung durch die engen Gänge sind Gesteinszeichnungen, die in Tausenden von Jahren auf natürliche Weise entstanden sind.

Spannend wird es bei der Grubenfahrt. Auf dem früheren Förderstollen geht es hinunter in die Tiefen des Ochsenkopfs. Entdecken Sie an den Felsen die winzigen goldfarbenen Pünktchen im Erz, das »Silber« des Bergwerks? Nach der Führung bekommen Sie nach alter Bergmannsart ein Schlückchen Kraft spendendes Grubenwasser als Dank für eine glückliche Grubenfahrt angeboten.

Anfahrt **Öffentlich:** Bahnlinie München–Nürnberg, ab Nürnberg Regionalbahn nach Bayreuth, ab Bayreuth Bus zum Gleißinger Fels. **Auto:** A 9 München–Nürnberg, Ausfahrt Dreieck Holledau, A 93 Richtung Hof/Regensburg/Wolnzach, Ausfahrt Marktredwitz-Nord, B 303 Richtung Marktredwitz/Eger/Cheb/Arzberg/Bad Alexandersbad, weiter Richtung Bayreuth/Wunsiedel/Marktredwitz fahren, bei St 2981 Ausschilderung nach Warmensteinach/Oberwarmensteinach/Mehlmeisel/Fichtelberg bis Fichtelberg folgen.

Informationen Besucherbergwerk Gleißinger Fels, Panoramastraße, 95686 Fichtelberg, Tel. 09272/848; www.bergwerk-fichtelberg.de.

Öffnungszeiten In der Saison täglich Führungen von 10–17 Uhr.

Bahnhof in Neuenmarkt-Wirsberg 24

Im Jahr 1848 staunte (fast) ganz Europa: In Oberfranken, auf der »Schiefen Ebene«, überwanden zum ersten Mal schnaufende Dampfloks die 158 Höhenmeter zwischen Neuenmarkt-Wirsberg und Marktschorgast – das hatte man bisher noch nicht gesehen. Heute ist die berühmte Steilrampe die älteste Eisenbahnstrecke Europas.

Um den Anschluss nach Sachsen herzustellen, plante die Ludwigs-Eisenbahn, ihre Linie über Fürth nach Bamberg und Hof zu verlängern. Doch dafür musste der beträchtliche Höhenunterschied von 158 Metern zwischen dem Maintal und der Hochebene zwischen Fichtelgebirge und Frankenwald bewältigt werden. Man beschloss, den Höhenunterschied durch eine kurze, aber steile Trasse unter Anwendung technischer Hilfsmittel zu überwinden. Über drei geradlinige, konstant geneigte Rampen wurden nacheinander Züge und Lokomotive hochgezogen. Und tatsächlich, es funktionierte. Auf über sieben Kilometer Länge überwanden Lok samt Zug den Höhenunterschied!

Heute können Sie wie in früheren Zeiten mit einer Original-Schmalspurbahn durch das Gelände fahren. Es geht vorbei am Dampfkran, der zeigt, wie einst vom Gleis aus gebaggert wurde. Und natürlich verführt eine gewaltige Modelleisenbahn große und kleine Eisenbahnfans zum Nachbauen.

ANTENNE BAYERN TIPP

Sie wollten als Kind Lokführer werden? Am verrücktesten Bahnhof Deutschlands in Neuenmarkt-Wirsberg kann dieser Traum für kurze Zeit in Erfüllung gehen – beim mehrtägigen Kurs »Lokführer werden«. Informationen beim Markt Wirsberg.

Anfahrt **Öffentlich:** Bahnlinie München–Lichtenfels, ab Lichtenfels Regionalbahn nach Neuenmarkt-Wirsberg. **Auto:** A 9 München–Nürnberg, weiter auf A 9 Berlin/Dresden/Bayreuth/Regensburg/A 3, Ausfahrt Bad Berneck/Himmelkron, B 303 Richtung Himmelkron/Stadtsteinach, bei B 303 links, bei St 2183 bis Neuenmarkt fahren.

Informationen Markt Wirsberg, Sessenreuther Str. 2, 95339 Wirsberg, Tel. 09227/9320; www.wirsberg.de.

Anfahrt **Öffentlich:** Bahnlinie München–Nürnberg, ab Nürnberg Regionalzug bis Bayreuth. **Auto:** A 9 München–Nürnberg, E 45, A 9 Richtung Berlin/Dresden/Bayreuth, A 3, E 51, Ausfahrt 42-Bayreuth-Süd auf B 2/B 85, Ausschilderung Bayreuth folgen.

Informationen Bayreuther Bierbrauerei AG, Hindenburgstraße 9, 95445 Bayreuth, Tel. 0921/401111; www.bayreuther-bier.de; Führungen täglich 16 Uhr.

Katakomben von Bayreuth

Grusel ist garantiert, wenn Sie in die unterirdischen Katakomben von Bayreuth hinabsteigen. Doch seien Sie beruhigt. Auch wenn sie Katakomben heißen, dienten sie nicht der Bestattung von Toten. Wann und warum die Gänge und Keller angelegt worden sind, bleibt bis heute ein Rätsel.

Man geht davon aus, dass die ersten Keller bereits im 17. Jahrhundert unter Häuser der mittelalterlichen Altstadt gegraben worden sind. Die meisten, oft zwei- bis mehrstöckigen Kellergänge hat man wohl erst im 18. und 19. Jahrhundert in den Sandstein getrieben. Noch heute fragen sich Historiker: Warum wurden in mühseliger Arbeit kilometerlange, labyrinthisch verschlungene Gänge und Keller in den Stein geschlagen? Dienten die Katakomben als Fluchtanlagen in Kriegszeiten? Vielleicht schon im dreißigjährigen Krieg? Oder ging es um Sandstein als Baumaterial?

Sind Sie neugierig geworden? Dann steigen Sie hinab und erkunden die geheimnisvolle Atmosphäre der unterirdischen Felsenkeller. Die Bayreuther Bürger haben sich hier im April 1945 vor den Bombenangriffen in Sicherheit gebracht. Man mag sich kaum vorstellen, wie eng es gewesen sein muss.

Sicher ist jedoch, dass viele Keller über Generationen als kühle Lagerräume genutzt wurden, vor allem von den zahlreichen Privatbrauern, die das Privileg zur Herstellung von Bier hatten. Noch heute werden die Katakomben von der Bayreuther Aktienbrauerei verwendet. Deshalb sind sie auch nur im Rahmen einer Führung zugänglich – die bei einem frischen Glas »Zwick'l Kellerbier« im Bräustüberl endet.

ANTENNE BAYERN TIPP

Beim Besuch in Bayreuth darf ein Abstecher ins Festspielhaus, eines der bedeutendsten Opernhäuser der Welt, nicht fehlen. 1872 ließ Richard Wagner das Gebäude erbauen, um sich ungestört den Darbietungen seiner Werke widmen zu können. 1876 fanden hier die ersten Festspiele mit der erstmals vollständigen Aufführung des »Ring des Nibelungen« statt.
Bayreuther Festspiele, Festspielhügel 1-2, 95445 Bayreuth, Tel. 0921/ 78780; www.bayreuther-festspiele.de.

Anfahrt

Öffentlich: Bahnlinie München–Nürnberg, ab Nürnberg Regionalbahn nach Forchheim, ab Forchheim Regionalbahn nach Ebermannstadt. **Auto:** A 9 München–Nürnberg, Ausfahrt Kreuz Nürnberg, A 3 Richtung Frankfurt a.M./Würzburg/Bamberg/A 73/Nürnberg-Nord, Ausfahrt Kreuz Fürth/Erlangen, A 73 Richtung Schweinfurt/A 70/Bamberg/Erlangen/Coburg, Ausfahrt Forchheim-Süd Richtung Forchheim/Ebermannstadt, B 470, auf St 2260 rechts Richtung Egloffstein/Pretzfeld/Innenstadt, bis Ebermannstadt fahren.

Informationen

Tourismuszentrale Fränkische Schweiz, Oberes Tor 1, 91320 Ebermannstadt, Tel. 09191/861054.

Getränkehandlung
... Dienstbier

Marktplatz 48   91207 Laut
Tel 08123 2584, 14581 Fax 9451
Mail Bestellung@Dienstbier.de
UST-ID DE 132825443

Quittung

1 BUCHER	9 85
1 BUCHER	12 85
2 Gesamt	22 90
Netto Rest 19	21 40
MwSt 19	1 50

Bar   **22,90**

Mo   6-2011 2 14 26
             Bedreiner 1 Verkaufer 1

Vielen Dank für Ihren Einkauf!
Online-Shop:
www.dienstbier.de

Kajakfahrten auf der Wiesent

26

An die Paddel, fertig, los! Im Kajak durch das idyllische Tal der Wiesent, vorbei an grünen Auen, schroffen Felswänden und markanten Steilhängen – ein Naturerlebnis, das seinesgleichen sucht. Das »Fränkische Wildwasser« mit rund 28 Kilometern Flussstrecke ist die einzige erlaubte Flusswanderfahrt durch die Fränkische Schweiz.

Das Abenteuer Wasserwandern auf der Wiesent ist besonders reizvoll zwischen Waischenfeld und Ebermannstadt. Hier erleben Sie die Fränkische Schweiz von ihrer schönsten Seite. Und keine Sorge: Sie müssen kein Profi sein, um beschaulich übers Wasser zu gleiten oder um die eine oder andere Stromschnelle zu durchpaddeln. Die Wiesent ist als leichtes Wildwasser (WW I – II) anfängertauglich. Alles, was Sie brauchen, sind Wechselkleidung, Regen- und Sonnenschutz. Kajak und sonstige Ausrüstung erhalten Sie bei einem der zahlreichen Bootsverleiher.

Im Wiesenttal gibt es eine vielfältige Tier- und Pflanzenwelt zu entdecken. Mit etwas Glück machen Sie sogar seltene Tiere wie die Wasseramsel oder den dekorativen Eisvogel aus. Auch im Wasser ist einiges los. Bachforelle, Äsche und Mühlkoppe fühlen sich in dem sauerstoffreichen, schnell fließenden Wasser wohl. Aber bitte denken Sie daran: Die Wiesent ist ein ökologisch empfindlicher Lebensraum. Vögel und Fische brauchen Ruhe-, Schutz- und Rückzugszonen, insbesondere während der Brutzeit. Je ruhiger Sie sich im Kajak bewegen, desto weniger stören Sie die Tiere in ihrem natürlichen Lebensraum. Es versteht sich von selbst, dass man nur an den vorgesehenen Stellen ein- und aussteigen darf und die Nutzungszeiten beachtet (9–17 Uhr bis Sachsenmühle bzw. 9–18 Uhr ab Sachsenmühle). Vermeiden Sie außerdem Flachwasserzonen, bewachsene Ufer sowie Kies- und Sandbänke, das sind wichtige Laichgebiete. Und rücken Sie Wasservögeln nicht zu nahe, sonst ergreifen sie die Flucht und lassen schlimmstenfalls ihr Gelege zurück.

Wenn Sie diese und ein paar andere Regeln beachten, steht dem Vergnügen auf dem Wasser nichts mehr im Wege!

Anfahrt   **Öffentlich:** Bahnlinie München–Nürnberg, ab Nürnberg Regionalzug nach Pegnitz beziehungsweise Neuhaus. **Auto:** A 9 München–Nürnberg–Berlin, Ausfahrt Plech, nach Neuhaus a.d. Pegnitz, links Richtung Auerbach, rechts nach Krottensee, links zum Grottenhof/Maximiliansgrotte.

Informationen   Familie Lohner, Grottenhof, 91284 Neuhaus/Krottensee, Tel. 09156/434; www.maximiliansgrotte.de.

Öffnungszeiten   1. April bis 31. Oktober Di–Sa 10–17 Uhr, So, Fei 9–18 Uhr; Führungen: Di–Sa stündlich, So, Fei nach Bedarf.

Maximiliansgrotte
Pegnitz

27

Ein Elefant, ein Adler oder gar ein Taufbecken? Mit etwas Fantasie entdecken Sie in der Maximiliansgrotte, einer der schönsten Tropfsteinhöhlen Deutschlands, diese und andere bizarre Formen. In Abertausenden von Jahren hat die Natur hier eine faszinierende Höhlenwelt mit Deutschlands größtem Tropfstein geschaffen.

Erkunden Sie auf der etwa halbstündigen Führung den begehbaren Teil der Maximiliansgrotte, die insgesamt über 1200 Meter lang und bis zu 70 Meter tief ist.

Über Stufen geht es steil bergab ins Innere des Berges. Hier kommen Sie aus dem Staunen über bizarr geformte und scheinbar starre Gesteinsformationen gar nicht mehr raus. Plötzlich durchströmt ein wenig Sonnenlicht die Dunkelheit: Sie haben den gewaltigen Leißnerdom erreicht, über dem sich in 26 Metern Höhe das Windloch befindet. Weiter geht es durch teilweise sehr enge und niedrige Durchgänge zunächst zur Adlergrotte. Im Anschluss durchqueren Sie weitere eindrucksvolle Höhlen, bis Sie den Höhepunkt der Maximiliansgrotte erreichen: Den Eisberg, mit sechs Metern Höhe und einem Durchmesser von drei Metern ist er Deutschlands größter Tropfstein.

Unterwegs erzählt der Führer manch gruselige Geschichte. Im Jahr 1703, während des Spanischen Erbfolgekrieges, wurden 28 gefallene Soldaten in der Höhle »entsorgt«. Beim Erreichen des Ausgangs stehen Sie mit leichter Gänsehaut vor den sterblichen Überresten der Soldaten. Doch schon hat Sie das Tageslicht wieder und die geheimnisvolle Welt der Maximiliansgrotte scheint weit entfernt.

ANTENNE BAYERN TIPP

Sie möchten den Besuch der Maximiliansgrotte mit einer schönen Wanderung verbinden? Der etwa 14 Kilometer lange, gut ausgeschilderte Karstwanderweg führt Sie zu kleineren Höhlen und anderen typischen Karstformen, mit der Maximiliansgrotte als Höhepunkt. Ausgangs- und Endpunkt des mit grünem Punkt in weißem Feld markierten Weges ist der Bahnhof Neuhaus. Die Gehzeit beträgt vier bis fünf Stunden (ohne Höhlenbesuche). Einkehren können Sie zum Beispiel im »Grottenhof« an der Maximiliansgrotte.

28 Erlangen und seine Bierkeller

Bereits im 19. Jahrhundert war Erlangen für die aromatischen Biere, die hier gebraut wurden, weit über die Stadtgrenzen hinaus bekannt. Lange Zeit besaßen sogar alle Erlanger Bürger der Altstadt das Recht, ihr eigenes Bier im »Gemeinbräuhaus« zu brauen. Kein Wunder also, dass im Burgberg von Erlangen so viele Bierkeller angelegt sind.

Weil das Brauereihandwerk in Erlangen eine sehr lange Tradition hat, kam hier früh die Frage auf, wie man das köstliche Getränk am besten kühlen könnte. Ein findiger Brauer hatte die Idee, Stollen in den Sandstein des Erlanger Burgbergs zu treiben. Dort blieb das Bier auch im Sommer schön kühl. Die ersten Felsenkeller entstanden um 1675. Die clevere Idee fand rasch Nachahmer.

Im Laufe der Zeit wurden diese Bierkeller nicht nur zur Kühlung des »kostbaren Gerstensaftes« genutzt. Manche Keller erlebten feuchtfröhliche Feste, in anderen wurden Pilze gezüchtet oder Fische gewässert. Im Zweiten Weltkrieg boten sie Schutz bei Luftangriffen.

Doch zurück zur ursprünglichen Nutzung als »Bierkeller«: Noch heute gibt es traditionsreiche Erlanger Bierkeller, die besonders gut erhalten und beliebter Treffpunkt vieler Erlanger und auswärtiger Besucher sind.

ANTENNE BAYERN TIPP

Seit 1755 beginnt jedes Jahr am Donnerstag vor Pfingsten die traditionelle Bergkirchweih. Zwölf Tage lang wird am Hang des Burgbergs gefeiert, getrunken, gegessen und gesungen. Das wohlschmeckende Erlanger Bier kommt direkt aus den alten Felsenkellern der Brauereien, dem Herzstück der Erlanger Bergkirchweih; www.der-berg-ruft.de.

Anfahrt **Öffentlich:** Bahnlinie München–Erlangen. **Auto:** A 9 München–Nürnberg, E 45 bis Ausfahrt Kreuz Nürnberg, A 3 Richtung Frankfurt a.M./Würzburg/Bamberg, A 73 Nürnberg-Nord, Ausfahrt Kreuz Fürth/ Erlangen, A 73 Richtung Schweinfurt/A 70/Bamberg/Erlangen.

Informationen Tourist-Information, Rathausplatz 3, 91052 Erlangen, Tel. 09131/89510; www.erlangen.de.

Walderlebniszentrum Tennenlohe

»In den Wäldern sind Dinge, über die nachzudenken man jahrelang im Moos liegen könnte.« (Franz Kafka). Nicht nur große Dichter waren vom Wald begeistert. Auch Sie können die Faszination dieses Naturraums nachempfinden. Das Walderlebniszentrum Tennenlohe wurde sogar mit dem Qualitätssiegel »Umweltbildung.Bayern« ausgezeichnet.

Kinder finden vor allem das »Haus der Tiere« spannend. Dort können sie unsere heimischen Wildtiere ganz nah erleben. Wenn Sie sich mehr für den Erfindergeist vergangener Generationen und original erhaltene Werkzeuge und Geräte interessieren, ist der »forsthistorische Lehrpfad« das Richtige für Sie.

Auf dem gut einen Kilometer langen »Naturerlebnispfad« können Sie sich dem Wald in ganz spezieller Form nähern. Zu ihm gehören unter anderem ein Waldlabyrinth und ein Barfußpfad. Auch der Tierweitsprung ist nicht ohne: Welches Tier springt so weit wie Sie? Anschließend können Sie auf der Sandsteinschlange balancieren oder von der Kanzel aus den Wald von oben betrachten. Sind Sie schwindelfrei? Dann nichts wie los auf die Kletterbäume. Im Waldtheater ist Ihre Fantasie gefragt: Können Sie ein Tier durch Pantomime so darstellen, dass man es erkennt?

Anfahrt **Öffentlich:** Bahnlinie München–Erlangen, ab Erlangen Bus nach Tennenlohe. **Auto:** A 9 München–Nürnberg, Ausfahrt Kreuz Nürnberg, A 3 Richtung Frankfurt a.M./Würzburg/Bamberg/A 73/Nürnberg-Nord, Ausfahrt Erlangen-Tennenlohe, B 4 Richtung Erlangen-Ost/Erlangen-Süd, Ausfahrt Tennenlohe bis Walderlebniszentrum fahren.

Informationen Walderlebniszentrum Tennenlohe, Weinstraße 100, 91058 Erlangen, Tel. 09131/604640; www.aelf-fu.bayern.de.

Öffnungszeiten 1. November bis Ende Februar Mo–Do 7.30–16 Uhr, Fr 7.30–14 Uhr, Sa geschlossen, So, Fei 11–17 Uhr; 1. März bis 31. Oktober Mo 7.30–12 Uhr, Di–Do 7.30–16 Uhr, Fr 7.30–18 Uhr, Sa 13–18 Uhr, So, Fei 11–18 Uhr; an den Osterfeiertagen und in den Weihnachtsferien geschlossen.

Anfahrt   **Öffentlich:** Bahnlinie München–Nürnberg. **Auto:** A 9 München–Nürnberg, Ausfahrt Nürnberg–Fischbach, B 4 Richtung Nürnberg–Zentrum.

Informationen   Tourist-Information am Hauptmarkt, Hauptmarkt 18, 90403 Nürnberg, Tel. 0911/23360; www.tourismus.nuernberg.de.

Nürnberg

30

Bei Nürnberg denken die meisten sofort an den Christkindlesmarkt, Bratwürste oder den 1. FC Nürnberg. Aber wussten Sie, dass Bayerns zweitgrößte Stadt eine der wichtigsten Reichsstädte des Heiligen Römischen Reiches war? In der Nürnberger Burg residierten alle zwischen 1050 und 1571 amtierenden Kaiser.

Starten Sie Ihren Besuch in Nürnberg mit der Burg, dem Wahrzeichen der Stadt. Den Sinwellturm sollten Sie bei gutem Wetter unbedingt besteigen. Der Blick ist einfach großartig. Im Burgmuseum erfahren Sie, wie die Ritter im Mittelalter in den Krieg zogen. Die dort ausgestellten Waffen, Sättel, Steigbügel und Schilde sind auch für Kinder spannend. Ab 1150 bauten verschiedene Kaiser und Könige an der Nürnberger Burg. Im Jahr 1356 schrieb Karl IV. in die Goldene Bulle, das Grundgesetz des Mittelalters, dass alle Kaiser ihren ersten Reichstag in Nürnberg abhalten müssen. Im 16. Jahrhundert verlor die Burg an Bedeutung. 1806 fiel sie an Bayern. Im Zweiten Weltkrieg wurde sie zerbombt und danach erneuert.

Nach der Burg geht es bei Ihrem Spaziergang weiter zum Nürnberger Rathaus. Dort befinden sich die Lochgefängnisse, eine Art Untersuchungsgefängnis aus dem 14. Jahrhundert. Wenn Sie gute Nerven haben, empfehlen wir Ihnen die etwa 20-minütige Führung. In zwölf kleinen Zellen und einer »Kapelle«, wie die Folterkammer genannt wurde, warteten zwischen dem 14. und 18. Jahrhundert zum Tode verurteilte Häftlinge auf ihre Hinrichtung. Unheimlich ist das, wenn man heute da so durchspaziert … Für besondere Missetäter gab es spezielle Zellen. Nummer elf zeigt einen roten Hahn als Symbol für Brandstiftung. Gut, dass das Mittelalter weit zurückliegt!

ANTENNE BAYERN TIPP

Sollte Ihnen nach so viel mittelalterlichem Grauen der Sinn nach Schöner Kunst stehen, empfehlen wir Ihnen das Albrecht-Dürer-Haus in der gleichnamigen Straße. Hier erfahren Sie Wissenswertes über Leben und Werk dieses Ausnahmekünstlers und können seine rekonstruierte Werkstatt besichtigen. Albrecht-Dürer-Haus, Albrecht-Dürer-Str. 39, 90403 Nürnberg; www.museen.nuernberg.de.

Anfahrt **Öffentlich:** Bahnlinie München–Nürnberg. **Auto:** A 9 München–Nürnberg, Ausfahrt Nürnberg-Fischbach, B 4 Richtung Nürnberg-Zentrum.

Informationen Tourist-Information am Hauptmarkt, Hauptmarkt 18, 90403 Nürnberg, Tel. 0911/23360; www.handwerkerhof.de.

Öffnungszeiten Handwerkerhof: Mo–Sa 9–22 Uhr; Ladengeschäfte: Mo–Fr 10-18.30, S 10–16 Uhr; Gastronomie: Mo–Sa 10.30–22 Uhr.

Handwerkerhof in Nürnberg

31

Sie suchen ein originelles Geschenk? Oder haben selbst eine Vorliebe für Kunsthandwerk, handgefertigte Ledertaschen und getöpfertes Geschirr? Ihre Kinder mögen Blechspielzeug? Im Nürnberger Handwerkerhof am Königstor werden Sie bestimmt fündig. Das Besondere: Sie können den Handwerkern bei ihrer Arbeit zusehen.

Umrahmt von Türmen und Mauern der mittelalterlichen Stadtbefestigung wirkt der Nürnberger Handwerkerhof mit dem historischen Kopfsteinpflaster und den im Fachwerkstil erbauten Werkstätten noch heute wie ein kleiner mittelalterlicher Stadtteil. Dabei feiert er 2011 gerade mal seinen 40. Geburtstag. Verschiedene Handwerker haben sich hier mit ihren Werkstätten niedergelassen und lassen sich bei ihrer Arbeit auf die Finger schauen. Das Angebot ist mannigfaltig. Hier arbeiten ein Zinngießer, ein Täschner, ein Glasschleifer, ein Töpfer, ein Wachskünstler, ein Gold- und Silberschmied, ein Glasmaler sowie ein Lebkuchenbäcker und ein Puppenmacher. Auch die hergestellten Produkte sind überaus vielfältig und bewegen sich zwischen altehrwürdigem Handwerk und modernen Arbeiten. Und wenn Sie jetzt denken, er sei vor allem für Touristen gedacht, dann werden Sie beim Besuch eines Besseren belehrt. Viele Stammkunden aus Nürnberg und Umgebung kaufen die auf höchstem Niveau hergestellten Produkte.

Sollten Sie vom erlebnisreichen Bummeln und Schauen hungrig und durstig geworden sein, haben Sie auch hier die Qual der Wahl. Denn der Handwerkerhof versteht sich zudem als ein Hort fränkischer Gastlichkeit. Natürlich gibt es hier die klassischen Nürnberger Bratwürste, aber auch andere fränkische Spezialitäten, dazu ein frisches Nürnberger Bier oder ein Gläschen Frankenwein. Wohl bekomm's!

> **ANTENNE BAYERN TIPP**
>
> Wollten Sie schon immer wissen, wie die berühmten Nürnberger Lebkuchen hergestellt werden? Dann schauen Sie bei Ihrem Rundgang durch den Handwerkerhof in die Küche des Lebküchners. Natürlich werden die leckeren Lebkuchen auch zum Verkauf angeboten – und schmecken nicht nur zur Weihnachtszeit!

32 Hirschbacher Höhlenrundweg

Für konditionsstarke Wanderer ist der Hirschbacher Höhlenrundweg in der Frankenalb ein unvergessliches Erlebnis. Denn der 20 Kilometer lange, streckenweise anspruchsvolle Rundweg führt an 30 Höhlen vorbei. Ein äußerst abenteuerliches Unterfangen, denn die meisten Höhlen sind nur kriechend und mit Taschenlampe zu erreichen.

Der Hirschbacher Höhlenrundweg möchte Ihnen einen Einblick in die faszinierende Gesteinswelt des gleichnamigen Tales geben. Die Felsen sind Kalkablagerungen eines alten Jurameeres, ähnlich wie Korallenriffe in der Südsee. Zu den Gesteinsfelsen gehören unzählige kleine und große Höhlen, die teilweise früher bewohnt waren, teilweise bis heute unerforscht blieben. Der 20 Kilometer lange Rundweg ist als markierter Wanderweg (Nr. 3) angelegt und wird regelmäßig überprüft. Das ist auch gut so, denn die teilweise recht anspruchsvolle Route führt an insgesamt 30 (!) Höhlen vorbei, von denen Sie manche nur kriechend und mit Taschenlampe erforschen können. Besonders beeindruckend sind die 40 Meter lange »Cäciliengrotte« und die »Dürrnberghöhlen«, in denen Skelette und Scherben aus der Hallsteinzeit gefunden wurden. Bitte denken Sie an Ihre Sicherheit und kriechen nie alleine in die Höhlen. Ältere Kleidung und festes Schuhwerk sind empfehlenswert.

Beim Verkehrsverein in Hirschbach erhalten Sie ein kostenloses Faltblatt mit einer ausführlichen Wanderbeschreibung des Höhlenrundwegs.

Anfahrt **Öffentlich:** Bahnlinie München–Nürnberg, ab Nürnberg Regionalbahn nach Hersbruck, von dort mit Bus nach Hirschbach. **Auto:** A 9 München–Nürnberg, Ausfahrt Lauf Nord, B 14 Richtung Hersbruck-Sulzbach Rosenberg, Ausfahrt Hohenstadt/Neuhaus, rechts Richtung Neuhaus, rechts ins Hirschbachtal.

Informationen Gemeinde Hirschbach, Oberer Markt 20, 92281 Königstein, Tel. 09152/8435; www.gemeinde-hirschbach.de; www.hirschbachtal.de.

Teufelskirche bei Altdorf

Anders als der Name vermuten lässt, ist die Teufelskirche keine Kirche, sondern eine wildromantische Sandsteinschlucht südlich von Altdorf. Kein Wunder, dass sich um die dämonische Schlucht auch eine Sage rankt. Auf alle Fälle steht fest: Mit ihrem Wasserfall und dem alten Bergwerkstollen ist die Teufelskirche ein lohnendes Ausflugsziel!

Über die Teufelskirche erzählt man sich seit alters her folgende Sage: Ein gottloser Ritter von der nahen Burg Thann soll hier auf der Jagd vom Teufel geholt worden sein. Er hatte nämlich trotz der Mahnung des Pfarrers verbotenerweise am Karfreitag einem Hirsch nachgestellt. Aber keine Angst, eine Begegnung mit dem Teufel bleibt Ihnen auf der leichten, etwa eineinhalbstündigen Wanderung durch die Teufelskirche erspart.

Vom Bahnhof aus gehen Sie in Richtung Zentrum und orientieren sich an der Tafel, wo alle Wanderwege eingezeichnet sind. Sie wandern in die imposante Schlucht hinein, im Sommer mit tropfendem Wasser und im Winter mit wunderbaren Eisgebilden. Ausgekohlte Felswände deuten darauf hin, dass hier früher nach Kohle und Silber gegraben wurde. Auf einem Fußpfad überwinden Sie das steile Endstück der Schlucht. Ein kleiner Wasserfall gibt dem Schauspiel eine zusätzliche Note.

Nachdem Sie wieder aus der Schlucht herausgegangen sind, verlassen Sie den Wald in Richtung Teufelshöhle. Der Name ist allerdings beeindruckender als die Höhle selbst: Der Teufel kann nicht allzu groß gewesen sein, der in dieser Höhle unterschlüpfte …

Anfahrt   **Öffentlich:** Bahnlinie München–Nürnberg, ab Nürnberg S-Bahnlinie S 2. **Auto:** A 9 München–Nürnberg, Ausfahrt Kreuz Nürnberg-Ost, A 6 Richtung Prag/Amberg/Regensburg, Ausfahrt Kreuz Altdorf, A 3 Richtung Passau/Regensburg, Ausfahrt Altdorf/Burgthann, bis Altdorf fahren.

Informationen   Stadt Altdorf b. Nürnberg, Röderstraße 10, 90518 Altdorf b. Nürnberg, Tel. 09187/8070; www.altdorf.de.

34 Schwarzachtalklamm bei Schwarzenbruck

Mit steilen Felshängen und reißenden Flüssen ist eine Klamm immer ein aufregendes Naturerlebnis für Jung und Alt. So auch die Schwarzachtalklamm bei Schwarzenbruck. Die Schwarzach hat sich hier tief in den Burgsandstein eingeschnitten. Das Ergebnis ist eine zwei Kilometer lange Schlucht, durchsät von Höhlen, Fugen und Nischen.

Ausgangspunkt der reizvollen, etwa sieben Kilometer und zweieinhalb bis drei Stunden langen Wanderung ist der Parkplatz in Schwarzenbruck. Die Schwarzach hat sich tief in die Sandsteinfelsen gegraben, diese abgerundet und geschliffen, so dass sie fast wie gegossen wirken. Im Laufe der Jahrtausende hat die Natur kleine Löcher, zahlreiche Fugen, Nischen und Höhlen geschaffen. Ein besonderes Highlight unterwegs ist die Gustav-Adolf-Höhle, wo der Schwedenkönig 1632 nach einem siegreichen Gefecht einen Feldgottesdienst gefeiert haben soll. Eine weitere Sehenswürdigkeit ist die große Mühle, ein altes Fachwerkhaus. Wenig später folgt mit der Karlshöhle der nächste markante Höhleneinschnitt im Gestein. Danach wird das Ufer breiter und flacher. Über eine Treppe, neben der eine Quelle aus dem Felsen fließt, erreichen Sie einen großen Ausflugsgasthof, der den nächsten Höhepunkt der Wanderung ankündigt: Den Ludwig-Donau-Main-Kanal, auch Ludwigskanal genannt. König Ludwig I. ließ ihn in den Jahren 1836-46 als technische Meisterleistung der damaligen Zeit erbauen.

Anfahrt **Öffentlich:** Bahnlinie München–Nürnberg, ab Nürnberg S-Bahnlinien S 1, S 2, S 3 nach Schwarzenbruck. **Auto:** A 9 München–Nürnberg, Ausfahrt Dreieck Nürnberg/Feucht, A 73 Richtung Fürth/Nürnberg/Heilbronn/Feucht/N, Ausfahrt Feucht, B 8 Richtung Neumarkt/Schwarzenbruck, dann der Ausschilderung nach Schwarzenbruck folgen.

Informationen Gemeinde Schwarzenbruck, Regensburger Str. 16, 90592 Schwarzenbruck, Tel. 09128/99110; www.schwarzenbruck.de.

Limes

Durch Asterix und Obelix sind die Römer und ihr »Limes« in unsere Wohnzimmer gekommen. Diesen Grenzwall zogen die machthungrigen Römer zwischen den von ihnen eroberten Gebieten und dem finsteren Barbarenland – auf einer Länge von 550 Kilometern. »Die spinnen, die Römer«, kann man da nur Obelix' Lieblingsspruch zitieren!

Um 15 v.Chr. hatten die Römer die Alpen überquert und die mächtigsten Kelten- und Germanenstämme besiegt und bauten einen gigantischen Grenzwall, den »Limes«. Heute bieten sich entlang des fränkischen Limes unzählige Möglichkeiten, die Zeit der Römer wieder aufleben zu lassen. Vom sehenswerten **Archäologischen Museum in Kelheim** führt Sie ein archäologischer Wanderpfad zu einem römischen Kleinkastell. Auf dem **Marktbreiter Römerrundweg** erkunden Sie das Gelände des ehemaligen Legionslagers und die dort gemachten Ausgrabungen. Rund um das **Pfahldorf bei Kippenberg** bringt Sie ein schöner Wanderweg zu den am besten erhaltenen Mauerstücken des Limes. Vom **Limesturm bei Mönchsroth** verläuft die »Limesroute« auf 28 Kilometern zum **Kastell Ruffenhofen** und zur **Limesmauer am Dennenloher See**. Im **Römerpark Ruffenhofen** erwarten Sie virtuelle Rekonstruktionen des Kastells.

Für Kinder und Jugendliche spannend ist der römische Tierpark an der »**Villa Rustica« in Möckenlohe bei Eichstätt.** Hier leben seit der Römerzeit Schwarznasenschafe, Wollschweine und Langhornrinder. Kleine Abenteurer besteigen gerne den **Limesturm in Erkertshofen bei Titting**. In **Pfünz bei Eichstätt** können die Kids römische Wachsoldaten beobachten, danach selbst von der Wehrmauer des Kastells »Vetoniana« über das Land schauen und nach wilden Alemannen Ausschau halten.

Informationen Tourismusverband Franken, Wilhelminenstraße 6, 90461 Nürnberg, Tel. 0911/941510; www.frankentouris-mus.de; www.limesinfozentrum.de; www.bayerischer-limes.de.

Anfahrt Auto: A 8 München–Stuttgart, Ausfahrt Augsburg-West, B 2 Richtung Gersthofen, B 25 Richtung Würzburg/Rothenburg o.d.T./Nördlingen/Aalen, Ausfahrt Richtung Oettingen/Heroldingen/Großsorheim/Schaffhausen, auf St 2221 Richtung Wassertrüdingen/Auhausen/Ansbach, bis Hesselberg–Ehingen fahren.

Informationen Touristikverband Hesselberg e. V., Aufkirchen 50, 91726 Gerolfingen, Tel. 09854/979778; www.hesselberg.de; www.kappelbuck.de.

Hesselberg

36

Ein Geheimtipp für Wanderer, Radfahrer und Erholungssuchende ist die beschauliche Landschaft rund um den Hesselberg im Fränkischen Seenland. Der Hesselberg ist mit 689 Metern die höchste Erhebung Mittelfrankens. Von seinem Gipfel aus haben Sie einen herrlichen Rundblick – und bei gutem Wetter sehen Sie sogar die Zugspitze.

Also nichts wie rauf auf den Gipfel! Gut ausgebaute Wanderwege führen ab Ehingen, Gerolfingen, Wittelshofen oder Röckingen auf den Hesselberg. Wie so oft gilt: Der Weg ist das Ziel. Denn je lichter der Wald wird und je mehr Sie sich dem Gipfel nähern, desto intensiver duftet es nach Blumen und Kräutern. Im Frühjahr finden Sie hier saftigen Bärlauch, der wunderbar aromatisch schmeckt. Vielleicht lassen deshalb die Schäfer der Umgebung ihre Schafe hier weiden? Auf dem Gipfel angekommen, genießen Sie den wunderschönen Ausblick und stärken sich mit einer mitgebrachten Brotzeit, die hier oben gleich doppelt gut schmeckt!

Ein weiteres Erlebnis für alle Sinne ist der Kappelbuck, ein weitläufiges Naturgelände mit alten Obstbäumen, Streuobstwiesen und Magerrasen in Ehingen, Ortsteil Beyerberg. Vor allem Kindern macht es Spaß, auf 27 Stationen zu erfahren, wo hier im Sommer Fledermäuse leben, wie eine Schmetterlingsraupe in einen Ameisenhaufen kommt und warum manche Obstbäume so krumm wachsen. Unterhaltsam und lehrreich werden Fragen rund um Obstanbau, Imkerei, Schafzucht und andere Themen beantwortet.

ANTENNE BAYERN TIPP

Nicht nur Gartenliebhaber, sondern alle, die ein Faible für schöne Dinge haben, werden vom Schlosspark Dennenlohe in der Nähe des Hesselbergs begeistert sein. Im Frühling und Frühsommer tauchen Sie hier ein in ein Meer von über 500 Rhododendron- und Azaleensorten, dazwischen malerische Holzstege, verschlungene Pfade und fernöstlich wirkende Tempeltore – ideal für einen erholsamen Spaziergang. Das Schloss selbst kann nicht besichtigt werden. Freiherrlich von Süsskind'sche Schloss - und Gartenverwaltung, Dennenlohe 1, 91743 Unterschwaningen, Tel. 09836/96888; www.dennenlohe.de. Öffnungszeiten: April bis Ende Oktober täglich von 10 bis 17 Uhr.

Anfahrt

Öffentlich: Bahnlinie München–Treuchtlingen, ab Treuchtlingen Regionalbahn nach Ansbach, ab Ansbach Bus nach Herrieden.
Auto: A 9 München–Nürnberg, Ausfahrt Dreieck Nürnberg/Feucht , A 73 Richtung Fürth/Nürnberg/Heilbronn/Feucht/N., Ausfahrt A 6, Richtung Heilbronn/Ansbach, Ausfahrt Herrieden, Richtung Ansbach–West, Ausschilderung nach Herrieden folgen.

Informationen

Stadt Herrieden, Herrnhof 10, 91567 Herrieden, Tel. 09825/8080; www.herrieden.de.

Herrieden

37

Die Zeit scheint hier langsamer zu verstreichen. Das Leben in Herrieden ist gemächlich, geradeso wie die Altmühl, die sich durch Stadt und Landschaft schlängelt. Und genau das zieht die Besucher in die gemütliche, kleine Stadt mit mittelalterlichem Flair und historischem Stadtkern, der fast vollständig von der Stadtmauer umschlossen ist.

Es waren Benediktinermönche, die vor über 1200 Jahren in Herrieden an der Altmühl ein Kloster und damit die Keimzelle der späteren Stadt gründeten. Nach und nach machten sie die Gegend um die heutige Stadt urbar, was offenbar viel Arbeit bedeutete, denn »hasareod«, der Ursprung des Ortsnamens, bedeutete damals soviel wie »Roden von unwirtlichem Land«. Im Laufe der Zeit wurde aus »Hasaroed« dann »Hasenried«, woran noch heute das Stadtwappen erinnert: ein aufrecht sitzender goldener Hase auf rotem Grund mit einem Bischofsstab in den Vorderpfoten.

Heute umfasst das Gemeindegebiet von Herrieden neben der eigentlichen Stadt auch viele kleine, bäuerlich geprägte Dörfer mit zahlreichen Kapellen und Wegstöcken am Wegesrand. Knapp 7500 Menschen leben und arbeiten in und um Herrieden. Die bedeutendste Sehenswürdigkeit, die Stiftskirche St. Vitus und St. Deocar, wurde erst kürzlich von Papst Benedikt zur päpstlichen Stiftsbasilika erhoben. Unbedingt besichtigen sollten Sie auch die Steinerne Altmühlbrücke von 1711, an deren Platz bereits im Jahr 836 eine erste Brücke über die Altmühl führte. Daneben ein weiteres Wahrzeichen: der Storchenturm. Seit Jahrhunderten nisten und brüten hier Störche. Wenn Sie mehr über diese und andere Tiere im Altmühlgrund wissen möchten, folgen Sie nach dem Stadtspaziergang dem nahen Naturlehrpfad in der Altmühlaue. Nicht wenige Besucher kommen auch mit ihrem Kajak nach Herrieden, das sie auf der Altmühl zu Wasser lassen, um die Gegend geruhsam zu erkunden. Wenn Sie sich lieber auf sicherem Untergrund bewegen, können Sie das Altmühltal auch wunderbar mit dem Fahrrad erleben. Zudem gibt es eine Reihe ausgewiesener Wanderwege in das reizvolle Umland von Herrieden.

Anfahrt **Öffentlich:** Bahnlinie München–Weißenburg **Auto:** A 9 München–Nürnberg, Ausfahrt Ingolstadt-Nord Richtung Eichstätt, auf B16a, Richtung A 9/München/Eichstätt/Neuburg a.d.D./Ingolstadt-Nord, auf B13 Richtung Würzburg/Ansbach/Eichstätt/Donauwörth/Neuburg a.d.D./Friedrichshofen nach Weißenburg fahren

Informationen Tourist-Information - Bayer. Limes-Infozentrum, Martin-Luther-Platz 3 5, 91781 Weißenburg i. Bay., Tel. 0 91 41/90 71 2 www.weissenburg.de.

Römisches Kastell und Therme Weißenburg

38

Wie wäre es mit einem Tag auf den Spuren der alten Römer? In Weißenburg können Sie die Reste eines wehrhaften Reiterkastells besichtigen, den Luxus einer gut erhaltenen römischen Bäderanlage bestaunen und Ihren Ausflug dann ganz entspannt in einem modernen Römischen Bad beenden. Klingt doch gut, oder?

Das Kastell Weißenburg, auch »Biriciana« genannt, wurde um das Jahr 90 n. Chr. in der Nähe des Römischen Limes errichtet. Es war einer der Garnisonsorte, die die Außengrenzen des Römischen Reiches markierten. Die Anlage des ehemaligen Militärlagers wurde bereits 1889 entdeckt, nach und nach ausgegraben und teilweise rekonstruiert.

Fast noch eindrucksvoller ist die nahegelegene Therme, eine gut erhaltene römische Bäderanlage. Bei den Römern diente der Besuch einer Therme nicht nur der körperlichen Reinigung. Modern ausgedrückt war dies ein »ganzheitliches« Erlebnis. Man traf Freunde und Bekannte und tauschte aktuelle Nachrichten aus – nach Geschlechtern getrennt: am Vormittag die Frauen, am Nachmittag die Männer. Auch für leibliche Genüsse wie Essen und Trinken war gesorgt. So konnte man mehrere Stunden in der Therme verbringen.

Beim Rundgang durch die Römische Therme bekommen Sie einen guten Überblick über die Räumlichkeiten. Dazu gehören Teile des früheren Gymnastikhofes mit Säulengang ebenso wie die Reste einer späteren Sporthalle. Bei den Ausgrabungen kamen zahlreiche Alltagsgegenstände wie Schmuck, Haarnadeln, kosmetische Geräte, Scherben von Ton- und Glasgefäßen, Spielsteine und Münzen ans Tageslicht. Diese Funde sind im Römermuseum Weißenburg ausgestellt.

ANTENNE BAYERN TIPP

Falls Sie nach dem Besuch der Römischen Therme selbst Lust auf Wellness und Dampfbad bekommen, gehen Sie doch in die »Mogetissa-Therme« in Weißenburg. Das moderne Römische Bad bietet verschiedene Erlebnisbecken, Wasserfall, Blubberquellen, Dampfbad und weitere Attraktionen.
Mogetissa-Therme, Hagenau 22b, 91781 Weißenburg, Tel. 09141/ 99956; www.mogetissa-therme.de.

Anfahrt **Öffentlich:** Bahnlinie München–Pappenheim. **Auto:** A 8 München–Stuttgart, Ausfahrt Augsburg-West, B 2 Richtung Gersthofen, Ausfahrt B 2, Richtung Nürnberg, auf St 2230, Ausschilderung nach Pappenheim folgen.

Informationen Gräfliche Verwaltung Pappenheim, Marktplatz 5/Neues Schloß, 91788 Pappenheim, Tel. 09143/83890; www.grafschaft pappenheim.de.

Öffnungszeiten April, Oktober bis 1. November täglich 10.30–16.30 Uhr, Mai bis September täglich 10.00–17 Uhr.

Burg Pappenheim

39

Wir befinden uns im 13. Jahrhundert: Die kleine Siedlung Pappenheim an der Altmühl ist zu einer stattlichen Residenz herangewachsen. Auf Burg Kalteneck, wie die Burg damals hieß, wird heftig gekämpft. Wie es spannend weitergeht, erfahren Sie bei einer Führung durch eine der bedeutendsten mittelalterlichen Burgruinen Bayerns.

Als Folge der mehrfachen Belagerungen und Kämpfe wurde die Burg zum besseren Schutz immer wieder um- und ausgebaut. Sie lag zwar strategisch günstig hoch über der Altmühl, war aber von Südwesten her schwer zu verteidigen. Das wussten die Feinde und fielen bevorzugt über diese Seite ein. Abhilfe schuf der »Kanonenweg«, eine doppelte Stadtmauer, die sich bis hinauf zur Burg zog. Die Burg selbst ist eine zweihöfige Höhenburg, deren Vor- und Hauptburg heute durch eine starke Steinbrücke miteinander verbunden sind. Im späten Mittelalter befand sich hier eine Zugbrücke, so dass sich Burgherren und Gesinde in die sichere Hauptburg zurückziehen konnten, wenn die Vorburg von Feinden eingenommen wurde.

   Die Dimensionen der Burg Pappenheim sind eindrucksvoll. Sie ist über 300 Meter lang und weist rund eineinhalb Kilometer mittelalterliche Mauern auf. Gegen ein geringes Wegegeld erhalten Sie Zutritt in die Burg. Führungen finden jeden Samstag und Sonntag um 11.30 Uhr statt. Auch die Dauerausstellung mit 32 Bildtafeln zeigt die bewegte Vergangenheit der Pappenheimer Burg. Wer sich dafür interessiert, welche Kräuter in früheren Zeiten kultiviert wurden, sollte den historischen Kräutergarten aufsuchen: Rund 750 (!) verschiedene Arten gedeihen hier. Viele davon gab es bereits im Mittelalter, andere sind später dazugekommen. Ein geologischer Lehrpfad im Bereich der Burggräben rundet den Besuch ab.

ANTENNE BAYERN TIPP

Haben Sie schon immer von einer mittelalterlichen Hochzeit geträumt? Dieser Traum kann auf Burg Pappenheim mit seinem stimmungsvollen Ambiente Wirklichkeit werden. Natürlich können Sie hier auch einen Geburtstag oder ein anderes Familienfest feiern – etwas Besonderes ist es auf alle Fälle.

Anfahrt   **Öffentlich:** Bahnlinie München–Regensburg, ab Regensburg Regionalbahn nach Neumarkt, ab Neumarkt Bus nach Plankstetten Ost/Berching. **Auto:** A 9 München–Nürnberg, Ausfahrt Denkendorf, Richtung Riedenburg/Beilngries/Kipfenberg, bei St 2392 rechts, auf St 2229, auf B 299, Ausschilderung nach Plankstetten/Berching folgen.

Informationen   Tourismusbüro und Haus des Gastes im Kulturhaus Schranne, Pettenkoferplatz 12, 92334 Berching, Tel. 08462/20513; www.berching.de.

Mittelalterliches Berching

40

Eine trutzige Wehrmauer mit 13 mächtigen Toren und Türmen und vier alten Stadttoren spiegelt die rund 1100-jährige Geschichte von Berching wider. Kaum eine andere bayerische Stadt besitzt ein derart geschlossenes mittelalterliches Stadtbild. Zudem ist Berching ein hervorragender Ausgangspunkt für Ausflüge in den Naturpark Altmühltal.

Ob Sie zum Bauernmarkt am Samstagvormittag oder zum Vieh- und Krammarkt an jedem ersten und dritten Dienstag im Monat nach Berching kommen: In der Altstadt ist die mittelalterliche Markttradition noch heute lebendig. Kaum zu übersehen: Berching ist eine Stadt des Wassers. Zwei Kanäle und ein Fluss durchqueren die Stadt. Im Osten der vor über 160 Jahren erbaute Ludwig-Donau-Main-Kanal, im Westen der neue Main-Donau-Kanal und zwischen Alt- und Vorstadt die Sulz.

Nach dem Spaziergang durch die mittelalterliche Altstadt empfehlen wir eine Besichtigung des altehrwürdigen Klosters Plankstetten. Seine fast 900-jährige Geschichte war überaus wechselhaft. Es wurde von aufständischen Bauern überfallen, durch schwedische Truppen im dreißigjährigen Krieg verwüstet, wieder aufgebaut und erlebte seine Blütezeit im 18. Jahrhundert. Heute bewirtschaften die Mönche die landwirtschaftlichen Flächen im organisch-biologischen Landbau und verkaufen ihre ökologischen Produkte aus im eigenen Klosterladen. Vergessen Sie nicht, einen Blick in die wunderschöne Klosterkirche mit ihrem prachtvollen barocken Deckengemälde zu werfen.

Der berühmteste Sohn Berchings ist der Komponist und Opernreformator Christoph Willibald Gluck. Das Museum Berching stellt diesen großartigen Künstler in einer Multimedia-Präsentation mit Hörstationen und einer kleinen Ausstellung vor. Dass Berching heute noch den Schönen Künsten aufgeschlossen gegenüber steht, beweist die Kulturfabrik. Sie geht auf eine Initiative von Berchinger Bürgern zurück, die das kulturelle Leben in ihrem Heimatort fördern wollten. In der ehemaligen Fabrik finden seit 1994 regelmäßig Theater, Kleinkunst und Konzerte statt.

Anfahrt Öffentlich: Bahnlinie München–Parsberg, ab Parsberg Bus nach Lengenfeld/Velburg. **Auto:** A 9 München–Nürnberg, Ausfahrt Dreieck Holledau, A 93 Richtung Hof/Regensburg/Wolnzach, Ausfahrt A 3, Richtung Nürnberg, Ausfahrt 93-Velburg, Richtung Deining/Lengenfeld/Seubersdorf, bei St 2220 links, Ausschilderung Velburg/Lengenfeld folgen.

Informationen König-Otto-Tropfsteinhöhle Velburg, St. Colomann, 92355 Velburg, www.tropfsteinhoehle-velburg.de.

Öffnungszeiten 1. April bis 31. Oktober Di-So (Mo, wenn Feiertag) 10–17 Uhr; die Führung dauert ca. 45 Minuten.

König-Otto-Tropfstein-höhle in Velburg

41

Eine marchenhafte Welt unter der Erde mit einer Fülle von Tropfsteinen und einer Vielfalt an Formen: Die König-Otto-Tropfsteinhöhle ist eine der schönsten Schauhöhlen in Deutschland. Überzeugen Sie sich selbst bei einer Führung. Die Tropfsteinhöhle ist elektrisch beleuchtet und gut begehbar.

Vom Parkplatz aus gehen Sie über einen Waldweg ein kurzes Stück bis zur König-Otto-Tropfsteinhöhle bergauf. Falls Sie vor oder nach der Besichtigung der Höhle noch Lust auf eine kleine Wanderung haben, suchen Sie sich einen der markierten Rundwege aus.

Bei der Führung durch die Tropfsteinhöhle bekommen Sie allerlei Hinweise, was Sie sich unter den verschiedenen Stalagmiten und Stalaktiten mit ein wenig Fantasie vorstellen können: einen Frosch, mehrere Zwerge, sogar das Schloss Neuschwanstein! Nicht nur Kinder haben Spaß an dieser faszinierenden Märchenwelt.

Dass die Tropfsteinhöhle entdeckt wurde, war reiner Zufall. Ein Schäfer folgte seinem Hund, der einem Fuchs nachspürte. Als Hund und Fuchs in einem Berg verschwanden, ging ihnen der Hirte nach. Plötzlich stand er in einer mächtigen, wunderschönen Tropfsteinhöhle. Weil dies vor über 100 Jahren am Namenstag des bayerischen Königs Otto I. passiert sein soll, ist die Höhle bis heute nach ihm benannt. Wenig später wurde die Höhle erschlossen und für Besucher begehbar gemacht. Allerdings konnte sie lange Zeit nur bei Kerzen-, Fackel- oder Magnesiumlicht besichtigt werden, bis sie dann im Jahr 1954 elektrische Beleuchtung bekam.

Zwei junge Mitglieder der Nürnberger Forschungsgruppe »Höhle und Karst Franken e.V.« entdeckten am 2. Dezember 1972 einen weiteren Höhlenteil. Eine große, hallenartige Grotte mit prachtvollen Tropfsteinen in vielfältigsten Formen. Als Erinnerung an das Datum ihrer Entdeckung wird sie »Adventhalle« genannt.

ANTENNE BAYERN TIPP

Die Temperatur in der Tropfsteinhöhle bleibt bei etwa acht Grad Celsius das ganze Jahr hindurch gleich – Fleecepulli und Jacke mitnehmen!

Anfahrt Öffentlich: Bahnlinie München–
Nürnberg, ab Nürnberg Regionalbahn nach Am-
berg, Bus nach Hirschau. **Auto:** A 9 München–
Nürnberg, Ausfahrt Dreieck Holledau, A 93
Richtung Hof/Regensburg/Wolnzach, Ausfahrt
Wernberg-Köblitz, B 14 Richtung Hirschau/
Schnaittenbach bis Hirschau.

Informationen Freizeitpark Monte
Kaolino, Rathausplatz 1, 92242 Hirschau,
Tel. 09622/815; www.montekaolino.eu.

Monte Kaolino

42

Ski fahren im Sommer, in Bikini oder Badehose? In Hirschau in der Oberpfalz? Sie glauben das nicht? Dann kommen Sie zum Monte Kaolino und sehen Sie selbst. Der 120 Meter hohe Berg aus 32 Millionen Tonnen feinem Quarzsand ist eine Skipiste der anderen Art! Und am Fuß des »weißen Riesen« erwarten Sie zahlreiche Attraktionen.

Anfang der 1950er-Jahre wagte sich Martin Götz, ein begeisterter Skifahrer aus Amberg, zum ersten Mal mit seinen Brettern auf den Sandberg, den er damals noch zu Fuß besteigen musste. Weil seine Holzskier dem Verschleiß auf Dauer nicht standhielten, fertigte er Skier aus Aluminiumblech. Nach und nach wurden die Hirschauer auf Götz aufmerksam und immer mehr Skifans wollten den neuen Berg testen. Bereits 1956 wurde der Skiclub »Monte Kaolino« gegründet, der bis heute existiert. Mittlerweile führt ein bequemer Lift auf den Gipfel. Das Gefälle von 40 Grad auf einer Pistenlänge von 220 Metern kann sich sehen lassen.

Sie fahren nicht Ski? Kein Problem! In den letzten 50 Jahren hat sich der Monte Kaolino zu einem wahren Eldorado für Funsportler entwickelt, das für jeden Geschmack etwas bereithält. Vom beheizten Dünenfreibad mit Beach-Volleyball, Tischtennis und Minigolf über eine Kletterstrecke zum Gipfel, einem Sportzentrum für Fußball, Kegeln und Bogenschießen bis hin zum Funpark mit Skateranlage und Streethockey.

Entstanden ist der Monte Kaolino aufgrund der großen Kaolinvorkommen, die hier seit 1833 im Tagebau abgebaut werden. Dabei entsteht Quarzsand als Abfallprodukt. Dieser landete jahrzehntelang auf einer Halde – die Geburtsstunde des Monte Kaolino! Seit 1995 wächst der Monte Kaolino nicht mehr, weil der Quarzsand vermarktet wird.

ANTENNE BAYERN TIPP

Ein besonderes Highlight auf dem Monte Kaolino ist die Sommerrodelbahn »Monte Coaster«. In knapp zwei Minuten bringt Sie ein Coaster-Schlitten auf den Berggipfel. Danach erwartet Sie eine rasante, ca. 800 Meter lange Abfahrt mit einem 350-Grad-Panoramakreisel, mehreren Jumps und Wellen sowie sechs 180-Grad-Kurven; www.montecoaster.de.

Anfahrt **Öffentlich:** Bahnlinie München–Wiesau, ab Wiesau Vogtlandbahn nach Windischeschenbach. **Auto:** A 9 München–Nürnberg, Ausfahrt Dreieck Holledau, A 93 Richtung Hof/Regensburg/Wolnzach, Ausfahrt Windischeschenbach, auf St 2181 links abbiegen, Ausschilderung Windischeschenbach folgen.

Informationen Stadt Windischeschenbach, Hauptstraße 34, 92670 Windischeschenbach, Tel. 09681/4010; www.waldnaab.de. Naturpark Nördlicher Oberpfälzer Wald, Stadtplatz 38, 92660 Neustadt, Tel. 09602/799040; www.naturpark-now.de.

»Grand Canyon« 43

Inmitten des Oberpfälzer Waldes erstreckt sich ein einzigartiges Natur-
schutzgebiet, das Waldnaabtal. Sein Spitzname klingt mehr als beein-
druckend: »Grand Canyon« der Oberpfalz. Die Waldnaab bahnt sich
hier in unzähligen Windungen ihren Weg. Zahlreiche Flussfelsen und
Felsgebilde laden zu abenteuerlichen Kletterpartien ein.

Von Windischeschenbach aus erreichen Sie den »Grand Canyon« auf gut
ausgeschilderten Wander- und Radrouten. Seinen Namen verdankt er der
Waldnaab, die in unendlich langer Arbeit das Granitmassiv zwischen Fal-
kenberg und Windischeschenbach durchschnitten und dabei ein enges,
tiefes Waldtal mit malerischen Felsgebilden geschaffen hat.

Diese faszinierende Naturlandschaft können Sie auf zweierlei Weise
kennenlernen: Sie können das Naabtal ganz gemütlich in etwa drei Stunden auf dem gut befestigten und gekennzeichneten Weg des Oberpfälzer
Waldvereins durchwandern. Oder, wenn Sie lieber über schmale Steige,
Stock und Stein wandern, empfehlen wir Ihnen unbedingt den sehr schönen, etwa fünf Kilometer langen Uferpfad.

Für welchen Weg Sie sich auch entscheiden – die Felsformationen und
über dreißig Meter auftürmenden Granitmas-
sen werden Sie bestimmt faszinieren und Ihre
Fantasie anregen. Manche haben wegen ihrer
besonderen Formen Namen bekommen, etwa
das »Butterfass«, das durch einen Felssturz in
das Flussbett entstanden ist. Der Sage nach
sind die Felsen ein zu Stein gewordener Ritter
mit Pferd und Knappen. Er soll einst einer Jung-
frau nachgestellt haben. Den »Kammerwagen«,
eine andere Felsformation, soll sogar der Teufel
höchstpersönlich in Stein verwandelt haben.
Gelingt es Ihnen, die Köpfe der Rösser und das
Gefährt im Felsen zu erkennen?

ANTENNE BAYERN TIPP

Gleich zwei Superlative erwarten Sie
beim Besuch des GEO-Zentrums bei
Windischeschenbach: das tiefste
Bohrloch mit 9101 Metern und der
höchste Landbohrturm mit 83 Metern.
GEO-Zentrum an der KTB, Am Bohr-
turm 2, 92670 Windischeschenbach,
Tel. 09681/400430; www.windisch-
eschenbach.de.

Informationen Tourismusverband Ostbayern, Luitpoldstraße 20, 93047 Regens-burg, Tel. 0941/58539; www.ostbayern-tourismus.de.

Burgen- und Schlössertour

44

Wer glaubt, dass der burgenreichste Landstrich Deutschlands irgendwo am Rhein liegt, der irrt. Das deutsche Burgen-Eldorado befindet sich in der Oberpfalz. Vor allem im Landkreis Neumarkt sind viele steinerne Überbleibsel aus dem Mittelalter erhalten. Einige Burgen sind heute noch bewohnt, andere thronen als Ruinen auf mächtigen Felsen.

Hier eine Auswahl besonders eindrucksvoller Burgen und Schlösser:

Burgruine Wolfstein   Ein 20-minütiger Spaziergang von der Heilig-Kreuz-Kirche bringt Sie zur Burgruine Wolfstein, dem Wahrzeichen der Stadt Neumarkt. Regelmäßig findet dort »Historisches Lagerleben« statt. Die Zeit der Wolfsteiner, eines der bedeutendsten Adelsgeschlechter der Oberpfalz, wird dabei wieder zum Leben erweckt.

Burg Parsberg   Die über 1000-jährige Burganlage erhebt sich über der Stadt Parsberg. Vom ältesten, nur in Ruinen erhaltenen Teil, genießen Sie einen traumhaften Ausblick. Im Juli finden hier historische Burgspiele statt.

Burg Hohenfels   Zu Beginn des 12. Jahrhunderts erbauten die Hohenfelser eine Burg auf dem langgestreckten Felsrücken über dem Forellenbach im Ort Hohenfels. Bereits 1375 waren sie so verarmt, dass sie ihre Burg verkaufen mussten. Danach wechselten die Besitzer mehrfach. Ab 1803 wurde die Burg sogar als Steinbruch abgetragen. Nur der mächtige Burgfried krönt noch heute den Schlossberg in Hohenfels.

Wasserschloss Pilsach   Das renovierte, in Privatbesitz befindliche Schloss Pilsach ist nur nach Anmeldung zugänglich. Berühmt wurde es durch die Vermutung, dass das Findelkind Kaspar Hauser dort in einem Verließ versteckt gehalten wurde. 1981/82 tauchten im Schloss halbvermoderte Reste von Kleidungsstücken auf sowie ein hölzernes Pferd wie es auch Kaspar Hauser beschrieben hatte. Kaspar Hauser wurde am 14. Dezember 1833 Opfer eines Messerstichs und starb am 17. Dezember 1833. Der mysteriöse Kriminalfall wurde niemals aufgeklärt und führt noch heute zu allerlei Spekulationen.

45 Kallmünz

»Perle des Naabtals« nannte der Münchner Maler und Professor Charles Johann Palmié das pittoreske Kallmünz in der Oberpfalz, wo er sich 1901 zur Sommerfrische niederließ. Ihm folgten bald weitere Maler. Beispielsweise Gabriele Münter und Wassily Kandinsky, die hier im Sommer 1903 mehrere Wochen verbrachten.

Was war es, das die Künstler nach Kallmünz zog? Das mittelalterliche Stadtbild mit der über dem Ort thronenden Burg, den verwinkelten Straßen und Gassen? Die historischen Sehenswürdigkeiten wie die steinerne Brücke, das Haus ohne Dach oder das alte Rathaus, einst Zollstätte Karls des Großen? Oder war es die reizvolle Kalkfelsenlandschaft an der Mündung der Vils in die Naab? Ein Künstler soll die Landschaft um Kallmünz sogar als »Toskana des Nordens« bezeichnet haben.

Wassily Kandinsky kam nach Kallmünz, um mit seinen Studenten nach der Natur zu malen. Sie wohnten im Wirtshaus »Zur Roten Amsel«, das es heute noch gibt.

Die Tradition als Künstlerort hat sich in Kallmünz erhalten. Galerien und Malerateliers gehören ebenso selbstverständlich dazu wie Ausstellungen einheimischer Künstler. Vielleicht haben Sie ja Lust, kreativ zu werden und Ihren Aufenthalt mit einem Kunstkurs zu krönen?

ANTENNE BAYERN TIPP

Mehrere Künstler aus Kallmünz bieten in kleinen Gruppen Kunstkurse für Anfänger und Fortgeschrittene in den Bereichen Malerei, Zeichnen, Bildhauerei und Steinbildhauerei an. Informationen über Kunstkurse allgemein:
Galerie am Fels, Alte Dinauerstraße 1, 93183 Kallmünz, Tel. 09473/667 oder 1331.
Bildhauerei: Gisela Walch, Bildhauerin, Marktplatz 7, 93183 Kallmünz, Tel. 0 9473/951426.

Anfahrt Öffentlich: Bahnlinie München–Regensburg, ab Regensburg Bus nach Kallmünz. Auto: A 93 München–Regensburg, Ausfahrt Parsberg, nach Kallmünz fahren.

Informationen Fremdenverkehrsverein Kallmünz, Rosa Donauer, Vilsgasse 42, 93183 Kallmünz, Tel. 09473/421; www.fremdenverkehr-kallmuenz.de.

Felsenkeller in Schwandorf

46

Warum nahmen die Schwandorfer die unglaubliche Mühe auf sich, unterirdische Keller in den Sandstein zu hauen? Und wie ist daraus das »Labyrinth« aus etwa 60 zusammenhängenden Kellerräumen entstanden? Neugierig geworden? Dann kommen Sie und erkunden Sie das in ganz Bayern als einmalig geltende Felsenkeller-Labyrinth.

Die ersten Felsenkeller wurden Ende des 15. oder Anfang des 16. Jahrhunderts angelegt. »Schuld« war eine neue Methode des Bierbrauens. In jener Zeit begannen die Brauer, von der oberen auf die untere Gärung überzugehen. Das Ergebnis war ein »süffigeres« und länger haltbares Bier. Dafür durfte jedoch die Lagertemperatur zehn Grad Celsius nicht überschreiten – diese Bedingungen boten die neu angelegten Felsenkeller.

In den 1930er-Jahren dienten die Keller als »Kühlschränke« für Lebensmittel des täglichen Bedarfs. Dieses reichhaltige Angebot verführte 1931/32 die legendären »Kellerdiebe«. Auf ihren Raubzügen durchbrachen sie Abmauerungen und Felswände und verbanden unabhängige Kellersysteme. Das Labyrinth verdankt Schwandorf also eigentlich diesen Dieben. Heute können Sie das Labyrinth im Rahmen einer geführten Tour begehen, wo Sie alles Wissenswerte und Kuriose über die Nutzung dieser Felsenkeller erfahren. Die Stadt Schwandorf hat es sich zur Aufgabe gemacht, das »Labyrinth« durch kulturelle Nutzung attraktiv zu machen. So finden im Felsenkeller an der Fronberger Straße Blues-, Folk- und Jazzkonzerte, Theateraufführungen und Lesungen statt.

Anfahrt **Öffentlich:** Bahnlinie München-Regensburg, ab Regensburg Regionalbahn bis Schwandorf **Auto:** A9 München/Nürnberg, Ausfahrt Dreieck Holledau auf A93 Richtung Hof/Regensburg/Wolnzach, bei Ausfahrt 33 Richtung Cham/Bruck/Wackersdorf, auf B15 bis Schwandorf

Informationen Felsenkeller, Spitalgarten 1, 92421 Schwandorf, Tel. 0 94 31/4 51 24, Schwaben/Allgäu; www.schwandorf.de

Anfahrt **Öffentlich:** Bahnlinie München–
Plattling, ab Plattling Waldbahn nach Zwiesel
oder Bayerisch Eisenstein. **Auto:** A 92 bis Auto-
bahnkreuz Deggendorf, B 11/E 53 bis Patersdorf,
Richtung Bayerisch Eisenstein.

Informationen Nationalparkverwal-
tung Bayerischer Wald, Freyunger Str. 2, 94481
Grafenau, Tel. 08552/960 00; www.nationalpark-
bayerischer-wald.de.

Nationalpark Bayerischer Wald

47

In Deutschlands ältestem Nationalpark kommen kleine und große Naturliebhaber voll auf ihre Kosten. Die Philosophie des Nationalparks »Natur Natur sein lassen« wird hier erfolgreich umgesetzt. Das zeigt sich unter anderem daran, dass hier einst ausgestorbene Tierarten wie Luchs, Wolf und Braunbär eine neue Heimat gefunden haben.

Wenn Sie fernab von lärmenden Vergnügungsparks entspannen und ursprüngliche Natur erleben wollen, dann ist der Nationalpark Bayerischer Wald das richtige Ziel für Sie. Entdecken Sie die unverwechselbare Landschaft des Bayerischen Waldes mit ausgedehnten Waldgebieten, einer Vielzahl an Berggipfeln, romantischen Bach- und Flussläufen und geheimnisvollen Mooren.

Doch nicht nur das: Der Nationalpark bietet auch vielfältige sportliche Aktivitäten. Über 300 Kilometer gut markierte Wanderwege, fast 200 Kilometer Radwege und rund 80 Kilometer Langlaufloipen erschließen sommers wie winters die ursprüngliche Natur des Bayerischen Waldes. In diesem Zusammenhang eine große Bitte: Nehmen Sie Rücksicht auf die Natur und bleiben Sie auf den markierten Wegen.

Für Kinder besonders spannend sind die Tierfreigelände im Nationalpark. Zahlreiche einheimische Tierarten wie Uhus, Teichhühner, Wildschweine, Rotwild, Wisente und Wildkatzen leben dort in geräumigen Landschaftsgehegen und Volieren. Besonders stolz ist man auf die einst ausgestorbenen Tierarten Bär, Luchs, Wolf und Wildpferd, die ebenfalls in weitläufigen Gehegen zu sehen sind. Dank des naturnahen Lebensraums leben alle Tiere ihren eigenen Artenrhythmus – frei laufen, klettern, baden, schlafen und sich zurückziehen. Für die Besucher gibt es mehrere Möglichkeiten, die Tiere zu erleben, ohne sie zu stören: Im Tierfreigelände Ludwigsthal führt beispielsweise ein 80 Meter langer, überdachter Holzsteg durch das Wolfsgehege, zusätzlich eröffnet ein Aussichtsturm interessante Perspektiven.

Anfahrt **Öffentlich:** Bahnlinie München–
Plattling, ab Plattling Regionalbahn nach Zwie-
sel, ab Zwiesel Bus nach Buchenau/Lindberg.
Auto: A 9 München–Nürnberg, Ausfahrt Kreuz
Neufahrn, A 92 Richtung Deggendorf/Landshut,
B 11/E 53 Richtung Pilsen/Deggendorf-Rusel,
Ausfahrt Deggendorf-Rusel/Bernried, über
St 2135 auf B 11/B 85, rechts Richtung Pilsen/
Zwiesel/Bodenmais auf B 11/E 53, links auf
St 2132, bei REG 8 links, bis Buchenau fahren.

Informationen Gemeinde Lindberg,
Tourist-Information, Zwieselauer Straße 1, 94227
Lindberg, Tel. 09922/1200; www.gemeinde-lind-
berg.de.

Schachtenwanderung im Bayerischen Wald 48

So was haben Sie noch nicht gesehen: Die »Schachten« im Bayerischen Wald bei Lindberg sind gerodete Hochflächen, die Bauern im 16. bis 18. Jahrhundert als Tierweiden angelegt haben. Dabei ließen sie einzelne Schatten spendende Bäume stehen. Weil die Bäume Wind und Wetter schutzlos ausgesetzt waren, sind sie oft skurril geformt.

Eine Schachtenwanderung ist ein Erlebnis, das Sie sich nicht entgehen lassen sollten: unberührte Natur fernab jeglicher Zivilisation, vom Wind bizarr geformte Bäume, riesige ausgehöhlte Stämme und schwarze Moortümpel. Die klassische Schachtenwanderung, bei der man mehrere Schachten erkundet, dauert sechs bis sieben Stunden (22 Kilometer). Natürlich können Sie auch nur ein Teilstück gehen. Nehmen Sie auf alle Fälle Verpflegung mit. Unterwegs gibt es keine Einkehrmöglichkeiten.

Die Tour beginnt am Wanderparkplatz in Buchenau und verläuft am Pommersbach entlang bergauf (Markierung Pestwurz). Sie kommen an der romantischen Hirschbachschwelle vorbei und erreichen nach ca. zweieinhalb Stunden den auf 1160 Meter gelegenen Kohlschachten. Jetzt haben Sie sich eine ausgiebige Rast und Brotzeit verdient. Falls Sie sich für die kürzere Variante entscheiden, kehren Sie hier um.

Andernfalls folgen Sie der Markierung zum Hochschachten, jetzt auf überwiegend ebenem Weg. Von dort haben Sie bei schönem Wetter einen wunderbaren Blick auf das Arbermassiv. Im weiteren Verlauf ändert sich die Markierung (Borstgrat) und Sie wandern zum Latschensee, dem größten Quellsee dieses Hochmoores. Seinen Namen verdankt er den umstehenden Latschen. In dieser unberührten Landschaft finden auch vom Aussterben bedrohte Pflanzen und Tiere einen Lebensraum.

Von dort wandern Sie auf dem Europäischen Fernwanderweg über die Frauenauer Alm zum Verlorenen Schachten. Hier beginnt der Abstieg zur Trinkwassertalsperre Frauenau (Borstgras). Sie gehen am linken Seeufer des Stausees entlang zur Dammkrone, überqueren diese und folgen der Markierung »Gläserner Steig« in Richtung Buchenau.

Anfahrt **Öffentlich:** Bahnlinie München–
Passau, ab Passau Bus nach Freyung, von dort
Bus nach Perlesreut, von Perlesreut Bus nach Ringelai. **Auto:** A 9 München–Nürnberg, Ausfahrt
Kreuz Neufahrn, A 92 Richtung Deggendorf/
Landshut, Ausfahrt Kreuz Deggendorf, A 3 Richtung Linz/Passau, Ausfahrt Aicha vorm Wald,
Richtung Freyung/Waldkirchen/Tittling/Windorf,
bei St 2127 links abbiegen, Ausschilderung Wald-
kirchen/Grafenau/Fürstenstein/Tittling/Aicha
vorm Wald folgen, bis Ringelai fahren.

Informationen Tourist-Information Gemeinde Ringelai, Pfarrer-Kainz-Straße 6, 94160
Ringelai, Tel. 08555/96140; www.ringelai.de.

Wildwasserklamm im Bayerischen Wald

49

Geröllreiche Bäche, moos- und farnreiche Schluchten, steile Felsriegel und urwüchsige Wälder prägen die Buchberger Leite, eine der beeindruckendsten Schluchtlandschaften in Bayern. Mitten durch das wilde Terrain führt der erlebnisreiche Themenwanderweg »Mensch und Natur«.

Zwischen Ringelai und Freyung erstreckt sich die Wildbachklamm Buchberger Leite. Die weitgehend unberührte Landschaft bietet seltenen Tierarten wie dem Eisvogel und dem Waldkauz einen geschützten Lebensraum. An den Steilhängen der Klamm wächst ein artenreicher Schluchtwald. Moose und Farne finden hier ideale Bedingungen und Wildblumen wie Geißbart, Eisenhut, Goldnessel und Waldhabichtskraut wachsen am Wegesrand.

Wenn Sie diese wildromantische, urzeitliche Schluchtlandschaft durchwandern möchten, gehen Sie zur Ortsmitte von Ringelai. Dort beginnt der neun Kilometer lange Themenwanderweg »Mensch und Natur«. Der Weg verläuft meist auf steinigen Pfaden, so dass festes Schuhwerk nötig ist. Am Wegesrand informieren Tafeln über die Entstehung der Buchberger Leite und ihre Tier- und Pflanzenwelt. Nichts für schwache Nerven ist die Überquerung der Hängebrücke, die an den Ufern befestigt ist und die Buchberger Leite überspannt.

In früheren Zeiten hatten hier die »Trifter« ihre große Zeit. Wenn im Frühjahr der Schnee zu schmelzen begann, sich die Bäche mit reißendem Wasser füllten und der Ilz und der Donau zuströmten, war es ihre Aufgabe, Holz in Stämmen oder Scheiten auf dem Wasser zu transportieren. Dann war die Klamm vom Tosen des Wassers und dem Krachen der aneinanderschlagenden Baumstämme erfüllt. Die Arbeit der Trifter war hart und gefährlich, vor allem wenn festsitzende Bäume wieder ins Wasser mussten. In Ringelai ist noch heute eine alte Triftsperre erhalten, in der Baumstämme aufgefangen wurden. Auf diese Triftanlage treffen Sie bei Ihrer Wanderung. Die ehemaligen Staumauern dienen jetzt als Steig.

Anfahrt **Öffentlich:** Bahnlinie München–Furth im Wald. **Auto:** A 9 München–Nürnberg, Ausfahrt Kreuz Neufahrn, A 92 Richtung Deggendorf/Landshut, Ausfahrt Landau a. d. Isar, B 20 Richtung Cham/Straubing, St 2154, Richtung Neukirchen b.Hl. Blut/Eschlkam/Bad Kötzting/Rimbach, bis Furth im Wald.

Informationen Tourist-Information Furth im Wald, Schloßplatz 1, 93437 Furth im Wald, Tel. 09973/50980; www.furth.de.

Further Drachensee und Felsengänge

50

Bringen Sie Zeit mit, wenn Sie nach Furth kommen. Es gibt hier viel zu entdecken. Einen Stausee, der nach dem Drachen aus Deutschlands ältestem Volksschauspiel, dem »Further Drachenstich«, benannt ist. Und die mehrere Kilometer langen unterirdischen Further Felsengänge, die Sie zu einer unterhaltsamen Führung willkommen heißen.

Der Further Drachensee ist noch blutjung. Erst im Mai 2009 fand die offizielle Einweihung des von der Chamb gefluteten Hochwasserspeichers statt. Der 175 Hektar große Stausee ist in zwei große Bereiche aufgeteilt: die Naturerlebniszone »Tiefenwasser« und die Ökozone »Flachwasser«. Erholungssuchende und Naturliebhaber kommen hier genauso auf ihre Kosten wie Freizeitsportler. Ob Sie gerne wandern, Rad fahren oder Nordic Walking bevorzugen: Verschiedene Rundwege führen in herrlicher Landschaft zu idyllischen Plätzen rund um den Stausee, wo Sie die Natur in vollen Zügen genießen können. Auch an Wassersportler hat man gedacht. Für sie gibt es einen eigenen Bereich. Im restlichen See ist Wassersport aus Naturschutzgründen nicht erlaubt.

Apropos Naturschutz: Besonders im Frühjahr überrascht die Vielfalt der Vogelwelt am Drachensee. Kraniche nutzen ihn zur Rast, Brutvögel wie Haubentaucher, Blesshühner, Graugänse und Höckerschwäne haben hier ihre Reviere. Seltenere Gäste sind Fischadler und Eisvogel, während verschiedene Entenarten wie Reiher- und Stockente Stammgäste sind.

Akzente setzen auch das begehbare Kunstwerk »Mythos Drache« und die Seebühne, auf der verschiedene Veranstaltungen stattfinden.

ANTENNE BAYERN TIPP

Verbinden Sie doch den Ausflug an den Drachensee mit einer unterhaltsamen Führung durch die Further Felsengänge in Furth im Wald. Diese unterirdischen, in Gneis gemeißelten Katakomben wurden im Mittelalter und in Kriegszeiten als Bier- und Lagerkeller, Schutzräume und sogar Fluchtgänge genutzt. Ausgerüstet mit Helm und Taschenlampe können Sie in die Rolle eines Höhlenforschers schlüpfen und einen Teil der weitverzweigten Felsengänge erkunden.
Further Felsengänge, Kramerstraße, 93473 Furth im Wald, Tel. 09973/ 50980; www.felsengaenge.de.

Anfahrt **Öffentlich:** Bahnlinie München–Schwandorf, ab Schwandorf Regionalbahn nach Arnschwang. **Auto:** A 9 München–Nürnberg, Ausfahrt Kreuz Neufahrn, A 92 Richtung Deggendorf/Landshut, Ausfahrt Landau a. d. Isar, B 20 Richtung Cham/Straubing, B 20/B 85 Richtung Pilsen/Furth im Wald, B 20 bis Arnschwang.

Informationen Tourist-Information Arnschwang, Kirchgasse 10, 93473 Arnschwang, Tel. 09977/940012; www.arnschwang.de.

Eisvogelsteig in Arnschwang

51

Klettern mal ganz anders. Beim Eisvogelsteig in Arnschwang geht's nicht an den Fels oder in die Wand, sondern man klettert im Fluss! Dabei ist das Element Wasser mit seiner ganzen Kraft am eigenen Körper zu spüren. Der Eisvogelsteig in der Chamb ist in seiner Art bislang einzigartig. Ein spannendes Erlebnis für die ganze Familie!

Südlich von Arnschwang mäandert das Flüsschen Chamb an der alten Mühle von Nößwarting vorbei. Dieses beherbergt das Umweltzentrum »Mensch und Natur« des Landesbunds für Vogelschutz. Vor allem Kinder kommen bei diesem Ausflugsziel auf ihre Kosten. Neben dem Eisvogelsteig wartet der ein Kilometer lange, didaktisch toll angelegte Naturlehrpfad.

Der Eisvogelsteig möchte die Natur für Groß und Klein hautnah erlebbar machen. Wie beim »normalen« Klettersteig werden Sie durch einen Gurt gesichert. Zusätzlich bekommen Sie eine wasserfeste Wathose. Dann kann es losgehen! Auf einer Länge von 100 Metern führt man Sie auf gut gelenktem Weg durch den Fluss. Sie spüren jede Strömung und jede Sandbank. Unterwegs grüßen Eisvogel, Biber und Libellen, aber auch fantastische Wasserwesen wie Nixen. Künstler der Region haben die Säulen gestaltet, an denen der Steig befestigt ist – eine außergewöhnliche Verbindung von Kunst und Natur. An 15 Stationen können Sie sich über die Chamb, ihre Pflanzen- und Tierwelt und die Landschaft der Umgebung informieren. Auf Wunsch erzählt ein Audioguide Wissenswertes.

Wenn Sie nach dem Eisvogelsteig noch mehr Lust auf Natur haben, dann machen Sie sich auf den Weg zur kleinen Wensauer Kapelle. Dort beginnt ein interessanter Naturlehrpfad, der etwa nach einer halben Stunde am Wanderweg A1 endet. Unterwegs erfahren Sie viel über die rote Waldameise, den Borkenkäfer und größere Waldbewohner, das Leben eines Baumes und über den Wald als Ökosystem.

ANTENNE BAYERN TIPP

Bei Hochwasser bleibt der Eisvogelsteig geschlossen. Vor dem Ausflug auf alle Fälle nachfragen, damit es keine langen Gesichter gibt.

52 Wildromantisches Höllbachtal

Auf in die »Hölle«! So rufen die Einheimischen, wenn sie sich ins Höllbachtal begeben. Die reizvolle Wanderung durch das wildromantische Tal ist ein echtes Highlight im Naturpark »Vorderer Bayerischer Wald«. Dort hat sich der Höllbach seinen Weg durch mächtige Granitfelsen gebahnt und die Steine im Bachbett rund und glatt geschliffen.

Der Rundweg führt durch herrliche Natur, auf Wald-, Feld- und Wiesenwegen und über riesige Granitblöcke. Ausgangspunkt der etwa fünf Kilometer langen Wanderung ist der Wanderparkplatz am Ortsende von Postfelden. Von hier aus schlängelt sich der Weg auf einem Teersträßchen nach Dosmühle. Im Hintergrund erkennen Sie die romantische Burgruine Brennberg. Wenig später kommen Sie an einer Wandertafel vorbei. Dann gehen Sie auf dem Sandweg bergab zum Höllbachhof. Kurz vor dem Gehöft erreichen Sie den Höllbach und überqueren diesen auf einer Brücke. Dem Bachlauf folgend, kommen Sie jetzt mitten in die »Hölle«, in das Höllbachtal, hinein.

Bald tauchen die ersten Granitfelsen auf, sowohl im Bach als auch an seinen Ufern. Sie werden zusehends größer und verlocken vor allem den Nachwuchs zu mancher Kletterpartie. Wenig später macht der Bach einen Knick nach Süden und der Pfad führt Sie wieder aus dem Wald hinaus. Bis Dosmühle wandern Sie weiter am Bach entlang. Dort folgen Sie der Straße, die Sie wieder zurück zum Ausgangspunkt bringt.

Anfahrt **Öffentlich:** Bahnlinie München–Schwandorf, ab Schwandorf Regionalbahn nach Cham, ab Cham Bus nach Rettenbach. **Auto:** A 9 München–Nürnberg, Ausfahrt Dreieck Holledau, A 93 Richtung Hof/Regensburg/Wolnzach, Ausfahrt Kreuz Regensburg, A 3 Richtung Passau/Regensburg-Ost, Ausfahrt Wörth a. d. Donau-Ost, Richtung Wörth a. d. Donau-Ost/Falkenstein/Wiesenfelden, links auf St 2125, rechts auf St 2146, links auf R 41 bis Postfelden und Losmühle.

Informationen Tourismusbüro Falkenstein, Marktplatz 1, 93167 Falkenstein, Tel. 09462/942220; www.vorderer-bayerischer-wald.de; www.bayerischer-wald-ferien.de.

Nepaltempel in Wiesent   53

Asiatisches Flair in Wiesent in der Oberpfalz: Über 800 nepalesische Familien haben drei Jahre lang an dem Nepal-Himalaya-Pavillon aus Holz geschnitzt. Das Bauwerk war Nepals Beitrag zur Expo 2000 in Hannover und zählte dort zu den meistbesuchten Attraktionen.

Über dreieinhalb Millionen Menschen besuchten den 22 Meter hohen Pavillon, der eine buddhistische Stupa und einen hinduistischen Tempel in sich vereint. Er soll Symbol dafür sein, dass verschiedenen Religionen trotz ihrer Unterschiede bemüht sein sollen, eine gemeinsame Lösung zu finden.

Nach dem Ende der Weltausstellung wurde der hölzerne Koloss mit rund 480 Tonnen Gewicht in seine Einzelteile zerlegt und mit einem großen Park in Wiesent in der Nähe von Regensburg wieder aufgebaut. Seit 2003 ist dieser stimmungsvolle Ort öffentlich zugänglich. Der mehrere Hektar große Park lädt mit steinernen Buddha-Figuren, kleinen Tempeln und exotischen Pflanzen zur Ruhe und Entspannung ein. Über dreitausend Pflanzenarten wachsen rund um den Nepal-Himalaya-Pavillon.

ANTENNE BAYERN TIPP

Die Eintrittspreise für den Nepal-Himalaya-Pavillon gehen in die Stiftung »Wasser für die Welt«, die Wasserprojekte in der Dritten Welt finanziert.

Anfahrt   **Öffentlich:** Bahnlinie München–Regensburg, ab Regensburg Bus nach Wiesent. **Auto:** A 9 München–Nürnberg, Ausfahrt Dreieck Holledau, A 93 Richtung Hof/Regensburg/Wolnzach, Ausfahrt Kreuz Regensburg, A 3 Richtung Passau/Regensburg-Ost, Ausfahrt Wörth/Wiesent, Richtung Brennberg, Ausschilderung zum Nepal-Himalaya-Pavillon folgen.

Informationen   Nepal-Himalaya-Pavillon, Martiniplatte 1, 93109 Wiesent, Tel. 09482/959686; www.nepal-himalaya-pavillon.de.

Öffnungszeiten   8. Mai bis 3. Oktober So, Mo 13–17 Uhr, im August auch Sa 13–17 Uhr.

Anfahrt **Öffentlich:** Bahnlinie München–
Regensburg. **Auto:** A 9 München–Nürnberg, Ausfahrt Dreieck Holledau, A 93 bis Ausfahrt Regensburg.

Informationen Fremdenverkehrsamt
Regensburg, Rathausplatz 3, 93047 Regensburg
Tel. 0941/5074410; www.tourismus.regens-
burg.de, www.regensburg.de.

Regensburg

54

Diese Stadt muss man einfach gesehen haben. Regensburg zählt zweifelsohne zu den schönsten und lebendigsten Städten Deutschlands. Sie werden staunen über so viel südländisches Flair nördlich der Alpen. Haben Sie gewusst, dass die Altstadt der Donaumetropole die einzige vollständig erhaltene mittelalterliche Großstadt in Deutschland ist?

Beim Spaziergang durch die Altstadt werden Sie von der Schönheit der prächtigen Plätze, der Geschlechtertürme, Patrizierhäuser und mittelalterlichen Kirchen begeistert sein. Grandios ist auch die Lage der Stadt an vier Flüssen. Deshalb sollten Sie bei Ihrer Stadtbesichtigung unbedingt eine Schifffahrt auf der Donau mit einplanen.

Seine besondere Atmosphäre verdankt Regensburg nicht nur den historischen Bauwerken, sondern auch den zahlreichen Studenten, die Leben in die Stadt bringen. In den verwinkelten Gassen der Altstadt warten zahlreiche Restaurants, gemütliche Kneipen und schicke Bars auf ihre Gäste. Wer sich für Musik interessiert, findet Angebote von Klassik bis Jazz.

Besonders schön ist Regensburg im Sommer. Dann ist das Bummeln durch die schmalen Gassen und malerischen Plätze der mittelalterlichen Altstadt besonders reizvoll. Wunderschön präsentiert sich der Haidplatz mit der ehemaligen Stadtwaage. Anschauen sollten Sie sich auch den Dom, ein Meisterwerk gotischer Baukunst in Bayern. Repräsentativ ist das Fürstliche Thurn und Taxis'sche Schloss St. Emmeram, ein ehemaliges Stiftsgebäude, das im 19. Jahrhundert zu einer großzügigen Residenz ausgebaut wurde. Noch heute ist das Schloss im Besitz der Familie. Auf der Website heißt Sie Gloria von Thurn und Taxis höchstpersönlich willkommen!

Wie könnte ein Stadtbesuch reizvoller ausklingen, als sich in ein nettes Straßencafé in der Altstadt zu setzen, sich in einem der schönen Parks oder am Donauufer niederzulassen.

ANTENNE BAYERN TIPP

Den schönsten Blick auf Regensburg haben Sie von der Steinernen Brücke aus dem 12. Jahrhundert. Das Meisterwerk mittelalterlicher Baukunst zählt zu den Wahrzeichen der Stadt.

Anfahrt

Öffentlich: Bahnlinie München–
Regensburg, ab Regensburg Bus nach Wolfsegg.
Auto: A 9 München–Nürnberg, Ausfahrt Dreieck
Holledau, A 93 Hof/Regensburg/Wolnzach, Aus-
fahrt Regensburg-Pfaffenstein, B 8 bis Ausfahrt
Richtung Pettendorf/Adlersberg/Kneitingm, R 39
bis Wolfsegg.

Informationen

Kuratorium Burg Wolf-
segg e.V., Burggasse, 93195 Wolfsegg, Tel. 0940?
1660; www.burg-wolfsegg.de.

Öffnungszeiten

1. Mai bis 30. Septem-
ber Sa, So, Fei 10–16 Uhr. Führungen und zusät-
liche Öffnung nach Absprache.

Burg Wolfsegg

55

Mitten im kleinen Örtchen Wolfsegg in der Oberpfalz thront auf einer Anhöhe eine spätmittelalterliche Burg – eine der wenigen, die heute noch komplett erhalten sind. Berühmt wurde die Burg vor allem durch die »Weiße Frau von Wolfsegg«, die hier seit dem 15. Jahrhundert ihr Unwesen treiben soll.

Zunächst ein Exkurs in die Vergangenheit, was es mit der geheimnisvollen weißen Frau auf sich hat: Gräfin Klara von Helfenstein war im 15. Jahrhundert mit dem damaligen Burgherren, Ulrich von Laaber, verheiratet. Dieser war aufgrund seiner vielfältigen Aufgaben häufig unterwegs. Während seiner Abwesenheit ließ sich seine Frau Klara mit Georg Moller ein, dem Besitzer der Hammermühle von Heitzenhofen – und Erzfeind ihres Mannes Ulrich. Als dieser von der Treulosigkeit seiner Frau erfuhr, heuerte er zwei Burschen aus dem Dorf an, um seine Frau zu töten. Seitdem soll ihr Geist als »Weiße Frau von Wolfsegg« auf der Burg umgehen. Interessanterweise starb kurze Zeit später auch Ulrich von Laaber eines plötzlichen Todes. Ein Racheakt des Liebhabers? Oder der ruhelos umherwandernden Klara?

Wie auch immer Ulrich zu Tode kam, mit ihm starb das Geschlecht der Laaber aus. In der Folgezeit wurde die Burg von den Wittelsbachern als Lehen eingezogen. Wolfsegg verfiel zusehends. Als 1933 Georg Rauchenberger die Burg kaufte, war sie nur noch eine Ruine. Ab 1965 wurde die Burg restauriert. Auch dabei passierte Unerklärliches: Bei den Ausgrabungsarbeiten soll eine Frau in Trance sogar den Mord an Klara von Helfenstein gesehen haben. Fantasie oder Wahrheit? Was es mit dieser geheimnisvollen Gestalt tatsächlich auf sich hat, wird wohl für alle Zeiten ungeklärt bleiben.

ANTENNE BAYERN TIPP

Das Burgmuseum informiert über das mittelalterliche Leben auf Burg Wolfsegg. Sie erfahren unter anderem, wie sich Ritter und Burgfräuleins damals bei Tisch benahmen, welche Aufgaben eine Frau in jener Zeit zu erledigen hatte und welches Geheimnis hinter dem Minnesang steckt.

Anfahrt Öffentlich: Bahnlinie München–Ingolstadt, ab Ingolstadt Regionalbahn nach Saal an der Donau, von dort Bus nach Essing, die Bushaltestelle ist ca. 700 Meter vom Besucherparkplatz entfernt. **Auto:** A 93 München–Regensburg, Ausfahrt Kelheim, auf St 2230 bis Parkplatz bei Essing.

Informationen **Schulerloch:** Höhlenverwaltung Schulerloch, Oberau 1, 93343 Essing Tel. 09441/21211; www.schulerloch.de. **Klausenhöhle:** Tourismusverband im Landkreis Kelheim, Donaupark 13, 93309 Kelheim, Tel. 09441/207330; www.tourismus-landkreis-kelheim.de.

Höhlentour Essing

56

Ein Kleinod im Altmühltal ist das mittelalterliche Essing. Malerisch zwängen sich seine Häuser an die steil aufragenden Jurafelsen, bewacht von der früheren Burg Randeck. Doch uns zieht es hinunter in die geheimnisvollen Höhlen rund um Essing: das Schulerloch und die Klausenhöhlen.

Im Schulerloch, einer 420 Meter großen Tropfsteinhöhle, suchten wohl schon die Neandertaler während der Eiszeit Zuflucht. Sicher ist, dass sich hier während der Jungsteinzeit und Bronzezeit Menschen aufgehalten haben. Seit 1828 kann man die Höhle auf 180 Metern begehen, allerdings nur geführt. Ihr Schmuckstück ist ein vom Boden emporwachsender Tropfstein in Form eines Beckens, in das seit Millionen Jahren Wassertropfen von der Höhlendecke fallen. Übrigens: Sollte Ihnen in der Höhle ein Wassertropfen auf die Nase fallen, werden Sie 100 Jahre alt – so sagt man. 200 Meter westlich vom Schulerloch liegt das Kleine Schulerloch mit einer prähistorischen Felsritzung, die einen Steinbock oder ein Rentier darstellt. Die kleine Höhle ist für Besucher jedoch nicht zugänglich.

Höhlenfreaks werden auch von der 330 Meter langen, im Jahr 1923 entdeckten Klausenhöhle begeistert sein. Die Klausenhöhle kann eigenständig begangen werden – also Stirnlampe bitte nicht vergessen. Hier wurden unter anderem Harpunen, verschiedene Elfenbeingegenstände, Steingeräte und Tierzähne gefunden. Beeindruckend sind der auf eine Kalkplatte geritzte Wildpferdkopf und die Gravierung eines Mammuts auf einer Elfenbeinplatte. Der bedeutendste Fund war das Skelett eines etwa dreißigjährigen Mannes aus dem Jungpaläolithikum. Leider ging man mit den Höhlen nicht immer so respektvoll um wie heute. Im Jahr 1860 wurde eine Höhle ausgeräumt und in einen Bierkeller umgewandelt …

ANTENNE BAYERN TIPP

In den Sommermonaten finden in der Schulerhöhle regelmäßig Konzerte statt – wegen der besonderen Akustik und Atmosphäre ein außergewöhnliches Erlebnis. Das Repertoire reicht von keltischen Klängen über Musik aus dem Mittelalter bis zu klassischen Konzerten.

103

Anfahrt **Öffentlich:** Bahnlinie München–
Ingolstadt, ab Ingolstadt Regionalzug nach
Abensberg, ab Abensberg Bus nach Kelheim.
Auto: A 93 München–Regensburg, Ausfahrt
Abensberg, nach Kelheim fahren.

Informationen Tourist-Information
Kelheim, Ludwigplatz 16, 93309 Kelheim,
Tel. 09441/701234; www.tourismus-landkreiskelheim.de. Klosterbrauerei Weltenburg GmbH
Verwaltung, Heitzerstraße 2, 93049 Regensburg,
Tel. 0941/2001-0; www.weltenburger.de.

Donaudurchbruch bei Weltenburg

57

Vor über 130 000 Jahren bahnte sich die Donau zwischen Kelheim und Weltenburg mühsam ihren Weg durch die steilen Kalkfelsen des Jura. Am eindrucksvollsten erleben Sie die so genannte Weltenburger Enge bei einer Schiffsfahrt. Und vergessen Sie nicht, in der ältesten Klosterbrauerei der Welt Station zu machen.

Zwischen Kelheim und Weltenburg verengt sich die Donau auf bis zu 80 Meter und fließt durch steile, an die 100 Meter hohe Kalksteinwände. Bereits König Ludwig I. war von dieser atemberaubenden Flusslandschaft so beeindruckt, dass er sie 1840 zum Naturdenkmal erklären ließ.

Wir empfehlen, die Strecke von Kelheim nach Weltenburg zu Fuß zurückzulegen und den Rückweg auf dem Wasser, mit einem Ausflugsboot, anzutreten. Der idyllische Wanderweg verläuft ab Kelheim auf 5,7 Kilometern Länge überwiegend entlang der Donau. Sie wandern vorbei an der ehemaligen Franziskanerkirche und der Einsiedelei Klösterl. Immer wieder eröffnen sich schöne Ausblicke auf den Donaudurchbruch und schon bald taucht Kloster Weltenburg auf, Ihr erstes Ziel.

Kloster Weltenburg wurde im 7. Jahrhundert gegründet und ist damit das älteste bayerische Kloster. Sehenswert ist die prächtige Barockkirche der Gebrüder Asam mit der Orgel aus Weltenburger Marmor. Nach der Besichtigung können Sie sich im Biergarten der Klosterbrauerei stärken. Beim Rückweg auf dem Schiff kommen wir an ungewöhnlich geformten Kalksteinfelsen vorbei: Die »drei feindlichen Brüder«, der »Räuberfelsen« und der »bayerische Löwe«. Sie eignen sich als fantastische Fotomotive.

In Kelheim erwartet Sie mit der Befreiungshalle ein weiterer Höhepunkt. Sie wurde von König Ludwig I. zum Gedenken an die Befreiungskriege gegen Napoleon in Auftrag gegeben. Ein Fußweg führt von der Anlegestelle hinauf zum Michelsberg, auf dem die imposante Halle thront. Die Fassade zieren 18 Statuen, im Inneren reichen sich 34 Siegesgöttinnen die Hände. Wenn Sie die 150 Stufen der Wendeltreppe erklimmen, belohnt Sie eine herrliche Aussicht über Donau und Altmühl.

Anfahrt Öffentlich: Bahnlinie München–Ingolstadt, ab Ingolstadt Regionalzug nach Abensberg, von dort mit der Buslinie 6018 nach Kelheim. **Auto:** A 93 München–Regensburg, Ausfahrt Abensberg, nach Kelheim fahren.

Informationen Tourismusverband Landkreis Kelheim, Donaupark 13, 93309 Kelheim, Tel. 09441/207330; www.tourismus-land-kreis-kelheim.de

Archäologiepark Altmühltal

58

Wie und wo haben bei uns Höhlenmenschen gelebt? Wie haben Neandertaler gejagt und was haben die Kelten gegessen? Der Archäologiepark Altmühltal, der größte Park dieser Art in Europa, versetzt Besucher in die Zeit der Neandertaler, in die Bronzezeit und in die Epoche der Kelten.

Zwischen Kelheim und Dietfurt lädt der jederzeit kostenlos zugängliche Archäologiepark Altmühltal auf 39 Kilometern Länge mit 18 verschiedenen Stationen zu einer spannenden und abwechslungsreichen Zeitreise in die Vergangenheit ein. Durch das mächtige Stadttor des spätkeltischen »Oppidums Alkimoennis« betreten Sie in Kelheim die Welt unserer frühen Vorfahren. An jeder Station gibt es einen Hörpunkt. Dort sind Geschichten des Schriftstellers E.W. Heine zu hören, in denen er Sie mit den Lebensweisen aus der Steinzeit, bronzezeitlichen und keltischen Grab- und Opferritualen und dem Alltag der Bewohner des Altmühltals vor Tausenden von Jahren bekannt macht. Man erfährt, warum die Menschen in der Bronzezeit ihren Toten Speisen und Getränke ins Jenseits mitgaben, während sie in der Eisenzeit mit Wagen und Zaumzeug bestattet wurden.

Beim Erkunden der Wohnhöhlen des Neandertalers stoßen Sie auf faszinierende Spuren seines kargen Lebens. An anderer Stelle staunen Sie über die Eisenverhüttung zur Zeit der Kelten und die Reste eines Feuerofens. Nachbauten keltischer Gebäude und Festungsanlagen wie das Keltentor in Kelheim veranschaulichen diese frühe Kultur.

Der gut ausgeschilderten Route des Archäologieparks Altmühltal folgen Sie am besten zu Fuß oder mit dem Fahrrad. Sie können den Park selbstständig erkunden oder sich geführten Wander- und Radtouren anschließen.

ANTENNE BAYERN TIPP

Im Sommer finden zahlreiche Aktionstage für Kinder und Erwachsene statt. Beispielsweise steht im Erlebnispark Alcmona bei Dietfurt ein keltischer Kochkurs auf dem Programm, bei dem man die Ernährungsgewohnheiten der Kelten kennenlernt, Feuer macht, typische Gerichte kocht und gemeinsam im ehemaligen Keltenhof isst.

Anfahrt **Öffentlich:** Bahnlinie München–
Eichstätt. **Auto:** A 9 München–Nürnberg, Aus-
fahrt Ingolstadt-Nord, über B 16 und B 13 nach
Eichstätt.

Informationen Tourist-Information
Eichstätt, Domplatz 8, 85072 Eichstätt,
Tel. 08421/6001400; www.eichstaett.de.

Fahrradtour durchs Altmühltal

59

Im Altmühltal erleben Sie ein einzigartiges Biotop im Herzen Bayerns. Schroffe Kalkfelsen erheben sich über sanfte Flusswindungen der Altmühl. Blühende Wiesen wechseln sich ab mit leuchtenden Feldern. Haben Sie Lust, die Schönheit des Altmühltals aus nächster Nähe zu erkunden? Dann nichts wie rauf aufs Fahrrad.

Los geht's in Eichstätt am Domplatz. Von dort radeln Sie über den Residenzplatz und biegen in die Altmühlauen ein. Der Weg führt am Hofgarten vorbei. Im Hintergrund taucht die ehemalige Sommerresidenz der Fürstbischöfe auf. Gemütlich radeln Sie an der Altmühl entlang und gelangen über Landershofen nach Pfünz. Auf dem Kirchberg erwartet Sie ein römisches Kastell, das auf antiken Fundamenten rekonstruiert wurde. Im weiteren Verlauf führt der Radweg über eine mittelalterliche Steinbrücke auf die linke Flussseite. Sie kommen an der Almosmühle vorbei nach Inching. Dort haben die Eichstätter Domherren ein weiteres Sommerschlösschen gebaut. Über die Brunnmühle fahren Sie weiter nach Walting, wo Sie die Altmühl erneut überqueren und auf der rechten Flussseite weiterradeln. Vorbei an Rieshofen mit seiner Turmruine geht es nach Pfalzpaint. In dem kleinen Ort erwartet Sie ein weiterer Turm, der ursprünglich zu einer romanischen Burganlage gehörte. Dort müssen Sie erneut die Flussseite wechseln.

Der Radweg verläuft jetzt unterhalb der Gungoldinger Wacholderheide, die im Mittelalter durch Rodung entstanden ist. Sehenswert ist die auf halber Höhe gelegene barocke Pfarrkirche Maria Himmelfahrt. Kurz darauf lassen sich rechter Hand Spuren des Burgstalls Rauenwörth ausmachen. Danach nähern Sie sich den zerklüfteten Felsen von Arnsberg mit der Burg aus dem 11. Jahrhundert. Nach dem Weiler Regelmannsbrunn taucht inmitten der Felder eine Kirche auf, die an der Stelle eines früheren römischen Kastells erbaut wurde. Von hier haben Sie es nicht mehr weit zum mittelalterlichen Markt Kipfenberg. Sie haben nun nach 30 Kilometern den Endpunkt der Radtour erreicht.

Anfahrt Öffentlich: Bahnlinie München–Donauwörth, ab Donauwörth Regionalbahn bis Nördlingen. **Auto:** A 8 München–Stuttgart, Ausfahrt Augsburg-West, B 2 Richtung Gersthofen, B 25 Richtung Würzburg/Rothenburg o.d.T./Nördlingen/Aalen, B 466 nach Nördlingen.

Informationen Tourist-Information, Marktplatz 2, 86720 Nördlingen im Geopark Ries Tel. 09081/84116; www.noerdlingen.de; www.geopark.de. Rieskratermuseum, Eugene-Shoemaker-Platz 1, 86720 Nördlingen, Tel. 09081/273822-0; www.rieskratermuseum.de

Nördlinger Ries

60

Vor rund 14,5 Millionen Jahren schlug ein Gesteinsbrocken aus dem All mit großer Wucht auf die Erde. Die Explosion hatte die Kraft von etwa hundert Hiroshima-Bomben und hinterließ einen der besterhaltenen Meteoritenkrater Europas – das Nördlinger Ries. NASA-Astronauten haben in dieser Landschaft für ihre Apollo-Missionen trainiert.

Der Einschlag dieses Meteoriten prägt die Region bis heute. Das flache, weitgehend unbewaldete Kraterbecken mit seinen 25 Kilometern Durchmesser und der bis zu 150 Meter hohe Kraterrand sind deutlich in der Landschaft erkennbar.

Mittlerweile wurde die Region zum ersten »Nationalen Geopark Bayern« ernannt. Zum Geopark mit mehr als 800 Quadratmetern Gesamtfläche gehören auch die umliegenden Gebiete der fränkischen und schwäbischen Alb. Das Zentrum bildet die Stadt Nördlingen, die im Einschlagkrater des Meteoriten liegt. Bevor die NASA-Astronauten von Apollo 14 und 17 auf den Mond geflogen sind, absolvierten sie im Ries ein »Field-Training«. Grund dafür war die hiesige Gesteinsart, die winzige Diamantstückchen enthält und dem Gestein auf dem Mond sehr ähnelt. In der Fachsprache wird sie »Suevit« genannt, was so viel heißt wie »Schwabenstein«. Auch historische Bauwerke wie der bekannte Nördlinger Kirchturm »Daniel« bestehen aus diesem schwarzgrauen Diamantgestein. Bei einem Abstecher ins Rieskrater-Museum bestaunen Sie ein echtes Stück vom Mond, eine Dauerleihgabe der NASA. Außerdem informiert das Museum über die interessante geologische Vergangenheit und Gegenwart des Nördlinger Rieses. Hier wird Geologie anschaulich und begreifbar.

ANTENNE BAYERN TIPP

Nehmen Sie sich Zeit für eine Besichtigung der mittelalterlichen Stadt Nördlingen, der einzigen deutschen Stadt mit einer vollständig erhaltenen, rundum begehbaren Stadtmauer. Im Zentrum der Altstadt steht die spätgotische Kirche St. Georg mit ihrem begehbaren, knapp 90 Meter hohen Kirch- und Glockenturm, im Volksmund »Daniel« genannt. Dort versieht an 365 Tagen im Jahr ein Türmer rund um die Uhr seinen Dienst.

Anfahrt **Öffentlich:** Bahnlinie München–Günzburg, ab Günzburg Regionalbahn nach Lauingen, ab Lauingen Bus nach Faimingen. **Auto:** A 8 München–Stuttgart, Ausfahrt Burgau, Ausschilderung nach Lauingen folgen.

Informationen Stadt Lauingen, Herzog-Georg-Straße 17, 89415 Lauingen (Donau); Tel. 09072/9980; www.lauingen.de.

Öffnungszeiten Ganzjährig geöffnet.

Apollo-Grannus-Tempel in Lauingen

61

Schon die alten Römer hatten ein Faible für Wellness und nahmen gern täglich ein Bad. Nicht nur zu Hause, sondern auch in den eroberten Provinzen. Beispielsweise in Phoebiana, dem heutigen Lauinger Stadtteil Faimingen. Das Zentrum der Badeaktivitäten bildete der Apollo-Grannus-Tempel, der größte römische Tempel nördlich der Alpen.

Die rund 1000 Quadratmeter große Tempelanlage wurde um das Jahr 70 n. Chr. erbaut und war den Göttern Apollo und Grannus geweiht. Der Tempel war nicht nur ein Ort des Gebets, sondern auch der Hoffnung auf Besserung und Heilung von Krankheiten. Der Schwerpunkt lag wohl auf Kultbädern und Trinkkuren. Selbst Kaiser Caracalla, der von 188 bis 217 lebte, ließ sich hier während des Feldzugs gegen die Alemannen behandeln. Die Gebete, Weihegaben und Trinkkuren führten zwar vermutlich zum gesteigerten Wohlbefinden des Imperators, aber kaum zur Heilung. Angeblich hat er an Epilepsie gelitten.

Welche Bedeutung Phoebiana vor rund 1800 Jahren für die Römer hatte, erkennen Sie daran, dass die Römer ihre Wege aus allen vier Himmelsrichtungen auf die Stadt zuführen ließen. Als später das Römische Reich vergrößert und der Limes die nördliche Befestigung der Provinz Raetien wurde, war Phoebiana vor allem aus militärischer Sicht als Nachschubstandort interessant. In jene Zeit fiel auch der Bau des Apollo-Grannus-Tempels, der aus dem früheren Militärstützpunkt eine gepflegte römische Wellness- und Kuroase machen sollte.

Von der einstigen Stadt können Sie heute nichts mehr erkennen. Nach mühevollen, mit Unterbrechungen fast hundert Jahre dauernden Ausgrabungen wurde der Appolo-Grannus-Tempel aber immerhin rekonstruiert und im Jahr 1987 als Freilichtmuseum eröffnet. Das Ergebnis ist durchaus beeindruckend, obwohl eine Rinne im Boden das einzige erhaltene Original ist. Der Rest wurde in prähistorische Staatssammlungen oder Depots gebracht. Aber das, was mit Liebe zum Detail wiederaufgebaut wurde, beflügelt die Fantasie. Überzeugen Sie sich selbst!

Anfahrt   **Öffentlich:** Bahnlinie München–
Augsburg. **Auto:** A 8 München–Stuttgart, Ausfahrt Augsburg.

Informationen   Riedlerstr. 11, 86152

Augsburg, Tel. 0821/35516; www.augsburger-
kahnfahrt.de.

Öffnungszeiten   Von Ostern bis Oktober täglich 11–23 Uhr, So, Fei 10–23 Uhr.

Augsburg

Ein Stadtausflug (nicht nur) für Verliebte: Mit der Augsburger Kahn-fahrt erleben Sie eine romantische Bootsfahrt in einer der ältesten Städte Deutschlands. Sie schippern vorbei an alten Grabenanlagen und historischen Stadttoren. Schon Bertolt Brecht mochte die Kahn-fahrt und soll hier seiner Jugendliebe den ersten Kuss gegeben haben.

Seit 1876 vergnügen sich Augsburger und Auswärtige auf der großen Wasserfläche des Augsburger Stadtgrabens beim Oblatterwall. Der Augs-burger Unternehmer Paul Kurz eröffnete damals mit drei Kähnen vor der Stadtmauer der nördlichen Jakobervorstadt einen kleinen Freizeitbetrieb. Seine Idee fand sofort begeistert Anklang. Die idyllische Kahnfahrt ent-wickelte sich zu einem beliebten Freizeit- und Wochenendvergnügen, vor allem im Sommerhalbjahr. Die Kahnfahrt blieb auch in der Folgezeit in Fa-milienbesitz. Im Jahr 2005 ging sie an die vierte Generation über. Der Ur-enkel von Paul Kurz, Bela Balogh, führt seitdem den Betrieb.

Es ist einfach zu schön auf dem Wasser …
Waren es in der Anfangszeit noch selbst ge-baute einfache Holzkähne, die hier vermietet wurden, haben Sie heute die Wahl zwischen Ruder- und Tretbooten. Sogar Elektroboote gibt es mittlerweile. Nach der Bootstour erwar-tet Sie der ruhig am Stadtgraben gelegene Bier-garten mit seinen saftigen Steaks vom Grill und seinen hausgemachten Sulzen zur gemütlichen Einkehr. Der perfekte Ausklang eines schönen Sommertages.

Wenn Sie nicht nur auf dem Wasser den Spuren Bertolt Brechts folgen wollen, können Sie in der Augsburger Altstadt sein Geburts-haus besichtigen, das als eine Gedenkstätte eingerichtet ist.

Zu Augsburg gehört natürlich auch die weltberühmte »Augsburger Puppenkiste«. Für das Theater be-kommt man leider nur sehr langfris-tig Karten. Doch das Museum steht allen Besuchern offen, die Spaß haben an Jim Knopf, Kater Mikesch, Urmel oder den anderen Stars der »Kiste«.
Augsburger Puppentheatermuseum »Die Kiste«, Spitalgasse 15, 86150 Augsburg, Tel. 0821/4503450; www.augsburger-puppenkiste.de.

Fuggerei Augsburg, die älteste
Sozialsiedlung der Welt

63 Fuggerei in Augsburg

Die Fuggerei ist die älteste Sozialsiedlung der Welt. Einziehen darf nur, wer geborener Augsburger, verheiratet und katholisch ist, einen tadellosen Ruf hat und arm ist – und sich verpflichtet, täglich drei Gebete für Jakob Fugger und die Familie Fugger zu sprechen. Dafür gilt immer noch eine Jahreskaltmiete von 0,88 Euro. Ja, Sie haben richtig gelesen!

Wer denkt, sozialer Wohnungsbau sei eine »Erfindung« unserer Zeit, der irrt gewaltig. Schon vor fast 500 Jahren wurde in der Augsburger Jakobervorstadt eine Siedlung für bedürftige Bürger erbaut: die »Fuggerei«.

Der Augsburger Kaufherr und Bankier Jakob Fugger der Reiche, berühmtester Vertreter dieser Familie, hatte ein Herz für in Not gekommene Menschen. Im Jahr 1521 stiftete er seiner Heimatstadt Augsburg die Fuggerei. Noch heute leben in den 140 Wohnungen, die sich auf 67 Häuser verteilen, 150 Augsburger.

Zu den wichtigsten Sehenswürdigkeiten der Fuggerei gehören die St.-Markus-Kirche sowie die einstige Schule und Mesnerwohnung in der Herrengasse. Achten Sie in der Mittleren Gasse auf das Haus Nummer 13. Seine Erdgeschosswohnung ist die einzige original erhaltene Wohnung der Sozialsiedlung mit Küche, Wohn- und Schlafstube. Gruselig wird es in der Ochsengasse 52. Im Obergeschoss lebte Dorothea Braun, die von ihrer Tochter der Hexerei beschuldigt wurde. Nach »scharfer Marter« gestand sie und wurde am 25. September 1625 enthauptet und verbrannt. Damit war Dorothea Braun das erste Opfer des Hexenwahns in Augsburg.

Anreise   **Öffentlich:** Bahnlinie München–Augsburg. **Auto:** A 8 München–Stuttgart, Ausfahrt Augsburg-Ost.

Informationen   Fuggerei 56, 86152 Augsburg, Haupteingang Jakoberstraße, Tel. 0821/319881-0; www.fugger.de.

Öffnungszeiten   1. April bis 30. September täglich 8–20 Uhr, 1. Oktober bis 31. März täglich 9–18 Uhr.

Fürstenfeldbruck lockt mit barocker Pracht

Fotos: Wolfgang Pulfer

Die Klosterkirche Fürstenfeld öffnet ihre Pforten

Die Klosterkirche – ein Meisterwerk der Gebrüder Asam

Ein ganz besonderes Juwel barocker Baukunst befindet sich in Fürstenfeldbruck – rund 25 km westlich von München. Die Klosterkirche Fürstenfeld zieht einen mit ihrer monumentalen Fassade sofort in ihren Bann. Architektur und Ausstattung steigern sich ins Monumentale. Wer durch das Gitter eintritt, bleibt zunächst unwillkürlich stehen – überwältigt allein schon von den Dimensionen. Die üppige Ausstattung erscheint durch das reichlich einfallende Tageslicht in einem besonderen Glanz. Entworfen hat den Sakralbau der Münchener Oberhofbaumeister Giovanni Antonio Viscardi im Auftrag von Kurfürst Max Emanuel, dem ein bayerischer Escorial – Kloster und Schloss – vorschwebte. Nahezu das gesamte 18. Jahrhundert sollte von ihrer Errichtung und Ausstattung geprägt sein. An der Innenausstattung waren vor allem die Gebrüder Asam beteiligt – der Bildhauer Egid Quirin Asam mit zwei Altären und dem Entwurf für den Hochaltar, sein Bruder Cosmas Damian Asam als Freskant.

Führungen: Kirchenführungen sind grundsätzlich immer möglich, sofern sie sich nicht mit Gottesdiensten überschneiden. **Preise:** Gruppen ab 20 Personen: 1,50 € pro Person, bei weniger Teilnehmern werden pauschal 30 € erbeten. Eine reguläre Führung dauert etwa 45 Minuten. In der Regel von Mai bis September werden an den Sonn- und Feiertagen, an denen keine Orgelmatineen stattfinden, nach dem Sonntagsgottesdienst gegen 12 Uhr auch öffentliche, kostenlose Führungen angeboten. Die aktuellen Termine finden Sie im Internet unter www.kloster-fuerstenfeld.de.

Kostenlose Besichtigungen (ohne Führung)
In der Regel von Ostern bis Ende Oktober jeweils dienstags bis sonntags von 11.00 Uhr bis 18.00 Uhr und außerhalb von Gottesdiensten.

Kontakt und Terminvereinbarung:
Pfarrei St. Magdalena, Tel. 08141/5016-0

ihere Informationen:
w.fuerstenfeldbruck.de • www.kloster-fuerstenfeld.de

Große Kreisstadt
Fürstenfeldbruck

Anfahrt **Öffentlich:** Bahnlinie München–Ingolstadt, ab Ingolstadt Regionalbahn nach Aichach, ab Aichach ca. 25 Minuten Fußweg Richtung Nord-Ost. **Auto:** A 8 München–Stuttgart, Ausfahrt Dasing, Richtung Aichach/Friedberg/B300, B 300, Ausschilderung nach Aichach folgen.

Informationen Sisi-Schloss Unterwittelsbach, Schlossplatz, 86551 Aichach, Tel. 0825 90224; www.aichach.de.

Öffnungszeiten Die jährlich wechselnde Sonderausstellung hat geöffnet von Mai bis November Di–Fr 10–17 Uhr, Sa, So, Fei 10–18 Uhr.

Sisi-Schloss in Unterwittelsbach

Wussten Sie, dass es auch in Bayern ein »Sisi-Schloss« gibt, nicht nur in Schönbrunn in Wien? Gemeint ist das romantische Wasserschloss in Unterwittelsbach bei Aichach, das im Volksmund nur »Sisi-Schloss« genannt wird. Denn hier hat die spätere Kaiserin als Kind heitere und unbeschwerte Stunden verbracht.

Im Jahr 1838 erwarb Sisis Vater, Herzog Max von Bayern, das Anwesen. Der Kaufpreis soll 56 500 Gulden betragen haben, heute etwa 750 000 Euro – geradezu ein »Schnäppchen«, wenn man bedenkt, dass zum Wasserschloss noch rund 800 Hektar Wald gehörten.

Der Herzog ließ die »Burg«, wie er das Wasserschloss liebevoll nannte, erweitern und zu einem typisch bayerischen Landschloss umbauen. Die Einrichtung im Schloss war einfach und zweckmäßig, vermutlich schlichte Biedermeiermöbel. Denn das Schloss diente nicht für offizielle Zwecke, sondern nur als privates Jagdschloss. So hat »Sisi« in ihrer frühen Kindheit zeitweise die Sommermonate hier verbracht. Noch heute erzählt man sich allerlei Geschichten um den lebensfrohen Herzog und seine Familie.

Herzog Max war zeitlebens viel auf Reisen, die ihn bis in den Orient führten. Daran erinnert der Altar in der neugotischen Schlosskapelle. Die Kapelle soll 1841 mit Wasser aus dem Fluss Jordan geweiht worden sein.

Heute finden im »Sisi-Schloss« jährlich wechselnde Ausstellungen rund um das Leben der Kaiserin Elisabeth und ihrer Familie statt. Außerdem locken ein Ostermarkt sowie Töpfermärkte, Künstler- und Antiquitätenmärkte Besucher von nah und fern.

ANTENNE BAYERN TIPP

Für Sisi-Fans gibt es sogar eine eigene »Sisi-Straße«, deren Teilstück in Bayern alle Orte beinhaltet, zu denen die beliebte Kaiserin eine Beziehung hatte. Dazu gehören das Schloss Possenhofen am Starnberger See, die Sommerresidenz von Sisis Familie, der Bahnhof in Possenhofen mit dem Kaiserin-Elisabeth-Museum und die Roseninsel, wo sich Sisi mit ihrem Cousin König Ludwig II. getroffen hat. Mehr Informationen finden Sie unter www.regio-augsburg.de/sisistrasse.

Anfahrt

Öffentlich: Bahn München–Freising, ab Freising Bus nach Mainburg. **Auto:** A 9 München–Nürnberg, Ausfahrt Dreieck Holledau, auf A 93 Richtung Hof/Regensburg/Wolnzach, Ausfahrt Mainburg Richtung Landshut/Geisenfeld, bei St 2049 links nach Mainburg abbiegen.

Informationen

Stadtverwaltung Mainburg Verkehrsamt, Marktplatz 1-4, 84048 Mainburg, Tel. 08751/7040; www.mainburg.de; www.hopfenland-hallertau.de.

Hallertau

65

Wie kommt eigentlich der Hopfen ins Bier? Der Erlebnispfad »Hopfen und Bier« bei Mainburg inmitten des weltweit größten zusammenhängenden Hopfenanbaugebietes Hallertau erklärt es Ihnen. Auf dem Rundweg durch die herrliche Kulturlandschaft erfahren Sie alles über den Weg vom Hopfen zum Bier.

Ausgangs- und Endpunkt der zwölf Kilometer langen Rundwanderung durch das idyllische Abenstal ist die »Hopfenmetropole« Mainburg. Dort wird heute die Hälfte der gesamten bayerischen Hopfenernte verarbeitet und in über 90 Länder weltweit verschickt. Die 15 Stationen des Erlebnispfades »Hopfen und Bier« informieren über Wissenswertes, Kurioses und Interessantes rund um die bayerischste aller Pflanzen und das bayerische Nationalgetränk. Der Erlebnispfad führt an mächtigen, landschaftsprägenden Hopfengärten, Schafweiden, Feldern und Wiesen vorbei. Sie können den Weg in ca. dreieinhalb Stunden zu Fuß erwandern oder auch sehr gut mit dem Fahrrad erkunden. Am schönsten ist es hier im Sommer, wenn die Hopfenreben üppig stehen und im August die Ernte, das »Hopfazupfa«, bevorsteht. Dann rankt sich das »Grüne Gold«, wie der Hopfen auch genannt wird, an bis zu sieben Meter hohen Spalieren. Sie lassen den Arbeitsaufwand des Hopfenanbaus erahnen, der in der Hallertau erstmals für das Jahr 736 urkundlich nachgewiesen ist. Der Sommer ist aber auch die Zeit der vielen Hopfenfeste, bei denen Gäste immer willkommen sind.

Wussten Sie, dass das Biertrinken im Mittelalter mitunter eine gefährliche Angelegenheit war? Gewissenlose Bierpanscher mischten nämlich Kräuter, Wurzeln, Ruß oder Samen ins Bier, um seinen Geschmack zu beeinflussen oder seine berauschende Wirkung zu verstärken. Die Folge war das Bayerische Reinheitsgebot von 1516, das bis heute Gültigkeit hat. Allen EU-Normen zum Trotz: In bayerisches Bier kommt nur Wasser, Hopfen und Malz. Später kam die Hefe hinzu, ohne die eine Bierproduktion nicht möglich ist.

Anfahrt
Öffentlich: Bahnlinie München–Landshut. **Auto:** A 9 München–Nürnberg, Ausfahrt Kreuz Neufahrn, auf A 92 Richtung Deggendorf/Landshut, Ausfahrt Landshut-West, Richtung Altdorf-West/Bruckberg, bei St 2045 rechts abbiegen, Ausschilderung Landshut folgen.

Informationen
Amt für Marketing & Tourismus, Altstadt 315, 84028 Landshut, Tel. 0871/922050; www.landshut.de.

Landshut

66

Eine Stadt mit zwei Gesichtern: das moderne Landshut mit Geschäften, Cafés und Kinos auf der einen und die mittelalterliche Stadt mit dem höchsten Backsteinturm der Welt auf der anderen Seite. Alle vier Jahre wird mit der »Landshuter Hochzeit«, dem bekanntesten Mittelalterfest Bayerns, an die glanzvolle Fürstenhochzeit von 1475 erinnert.

Doch so lange müssen Sie natürlich nicht warten. Die alte Herzogstadt ist immer einen Besuch wert. Um die mittelalterliche Vergangenheit aufzuspüren, gibt es keinen besseren Ort als die wunderschöne, auf einem Hügel über der Stadt thronende Burg Trausnitz.

Um 1204 von Herzog Ludwig I. gegründet, war die Burg bis 1503 Residenz des Wittelsbacher Teilherzogtums Niederbayern. Ab 1568 wurde sie in ein Schloss im italienischen Stil umgebaut. Daran erinnert die »Narrentreppe« von 1578. Ihre farbenfrohen Fresken zeigen Szenen der damals auf der Burg beliebten Commedia dell'Arte. Fahrende Schauspieler trugen zum Zeitvertreib aus Italien stammende Theaterstücke am Landshuter Fürstenhof vor.

Nach der Besichtigung der Burg gehen Sie hinunter in die gut erhaltene mittelalterliche Altstadt. Das Mittelalter war die Glanzzeit Landshuts, das damals als Kunststadt Furore machte. So ist der Turm der gotischen St. Martinskirche mit 130,6 Metern der höchste Backsteinturm der Welt. Einen weiteren Rekord bietet die Landshuter Residenz, die Ludwig X. von 1536 bis 1543 erbauen ließ. Sie ist der erste Renaissancepalast nördlich der Alpen, das Vorbild waren norditalienische Paläste.

Anfahrt **Öffentlich:** Bahnlinie München–
Landau a.d. Isar, vom Bahnhof Landau Fußweg
zur Isar, auf Isarradweg bis Usterling, ca. eine
Stunde (fünf Kilometer). **Auto:** A 92 München–
Deggendorf, Ausfahrt Landau a.d. Isar, auf B 20
Richtung Landau, am Ortsrand Richtung Mam-
ming/Dingolfing, Ausschilderung nach Usterling
folgen.

Informationen Rathaus Landau a.d.
Isar, Oberer Stadtplatz 1, 94405 Landau a.d. Isar,
Tel. 09951/9410; www.landau-isar.de.

Wachsender Felsen von Usterling

67

Ein wundersames Naturdenkmal in Niederbayern ist der »Wachsende Felsen« von Usterling. Seit 5000 Jahren wächst dieser Stein wie von Zauberhand. Sie glauben das nicht? Dann kommen Sie doch selbst nach Usterling und überzeugen sich vom »Wunder« des »Johannisfelsens«, wie er auch genannt wird.

Am östlichen Ortseingang des Dorfes Usterling, drei Kilometer westlich von Landau, bringt Sie ein kurzer Fußweg zum einmaligen Naturdenkmal »Wachsender Felsen«. Im Laufe von Jahrtausenden hat hier ein talwärts fließendes, stark kalkhaltiges Quellbächlein durch Kalktuffablagerungen einen gewaltigen und bizarr geformten, immer größer werdenden Felsen aufgebaut. Und er wächst noch immer! Dieses Phänomen der Quellkalkbildung besonders kalkreicher Grundwässer nennt man »Steinerne Rinne«. Bei der Entstehung spielen auch biologische Faktoren eine wichtige Rolle. Moose und Algen entziehen dem Wasser Kohlendioxid, da sie dieses Gas für ihre Atmung brauchen. Dieser Prozess ist für einen wesentlichen Teil der Kalkabscheidung verantwortlich. Der »Wachsende Felsen« ist mit fast 40 Metern Länge und fünf Metern Höhe die größte Steinerne Rinne in Deutschland. Auf seinem Felsrücken fließt noch heute das Bächlein zu Tale und strömt über eine Felsnase in ein natürliches Becken.

In früheren Zeiten wurde dem Quellwasser Heilkraft bei Augenkrankheiten zugeschrieben. Daher war Usterling Jahrhunderte lang ein Wallfahrtsort. Heute ist das Geheimnis des »Wachsendes Felsens« gelüftet. Man weiß, dass die Entstehung des Felsrückens geologische Gründe hat. Dennoch waschen Menschen der Umgebung auch heute noch am 24. Juni, dem Johannistag, ihre Augen mit dem Quellwasser.

ANTENNE BAYERN TIPP

Die Dorfkirche von Usterling beherbergt die vermutlich älteste Abbildung des »Wachsenden Felsens«. Auf dem Altarbild des spätgotischen Flügelaltars von 1520 ist die Taufe Christi durch Johannes den Täufer dargestellt. Die Taufwasser spendende Quelle läuft über die Steinerne Rinne, weshalb der »Wachsende Felsen« auch »Johannisfelsen« genannt wird.

Anfahrt **Öffentlich:** Bahnlinie München–
Plattling, ab Plattling Regionalzug nach Strau-
bing; Rückweg: Bahnlinie Vilshofen–München.
Auto: Nicht sinnvoll, da Rückweg ab Vilshofen.

Informationen Kostenlose Radwegbe-
schreibungen unter www.donautalradweg.de.

Donau zwischen Straubing und Vilshofen 68

Zwischen Straubing und Vilshofen darf die Donau noch Donau sein. Auf rund 70 Kilometern ist hier Europas zweitgrößtem Fluss noch freies Fließen vergönnt. Gehen Sie auf Entdeckungsreise und erleben Sie ein letztes Stück ursprüngliche Donau-Flusslandschaft auf bayerischem Boden. Eine Radtour bietet dazu beste Gelegenheit.

Los geht's in der schönen Stadt Straubing mit ihren prächtigen Bürgerhäusern und Kirchen. Das erste Teilstück Ihrer Radtour, die Strecke von Straubing nach Deggendorf (ca. 39 Kilometer), führt durch den so genannten Gäuboden, wie diese fruchtbare, breite Ebene genannt wird. Hauptanbaufrüchte sind hier Kartoffeln und Mais. Der Radweg verläuft größtenteils auf den Hochwasserdämmen. Hinter den Deichen liegen viele kleine, idyllische Dörfer mit gepflegten Bauerngärten. Es lohnt sich, den Radweg immer wieder mal zu verlassen und die Bauerndörfer, eines der zahlreichen Klöster oder andere Sehenswürdigkeiten zu besichtigen.

Bei der nächsten Etappe von Deggendorf nach Vilshofen (ca. 36 Kilometer) müssen Sie am Ende einige kurze Steilpassagen überwinden. Ansonsten ist auch dieser Streckenabschnitt relativ flach. Der gut ausgebaute Donauradweg führt durch urwüchsige Auenlandschaften mit vielfältiger Flora und Fauna. Im Sommer laden Kiesbänke zum Sonnenbad ein.

Die schönsten Stationen auf der Radtour: **Straubing:** Historisches Stadtzentrum, Stadtplatz mit dem Wahrzeichen der Stadt, dem Stadtturm, ehemaliges Herzogsschloss. **Bogen:** Schöne Wallfahrtskirche und toller Aussichtspunkt auf dem Bogenberg. **Metten** (ein Kilometer abseits): prächtiges Benediktinerkloster aus dem 8. Jahrhundert mit berühmter Bibliothek (Führungen täglich 10 und 15 Uhr, außer Mo). **Deggendorf:** Rathaus mit Rathausturm, Stadt- und Handwerksmuseum, sehenswerte Kirchen. **Niederalteich:** Älteste Benediktinerabtei Bayerns; Radlerfähre und Weiterfahrt nach Vilshofen. **Osterhofen** (drei Kilometer abseits): Asambasilika in Altenmarkt. **Vilshofen:** Schöne Lage an der Mündung der Flüsse Vils und Wolfach in die Donau, Benediktinerkloster Schweiklberg.

69 Baumwipfelpfad Neuschönau

Risikofreies Abenteuer und unverfälschtes Naturerlebnis – klingt das nicht reizvoll? Wenn Sie sich angesprochen fühlen, dann besuchen Sie den weltweit längsten Baumwipfelpfad in Neuschönau im Herzen des Nationalparks Bayerischer Wald. Höhepunkt im wahrsten Sinne des Wortes ist der 44 Meter hohe Aussichtsturm.

Der Baumwipfelpfad ist nicht nur für Kinder, sondern auch für Erwachsene ein spannendes Erlebnis. Gebaut auf 27 Geländestützen und mit Geländernetz gesichert schlängelt sich der Pfad im ersten Teil in einer Höhe von acht bis 25 Metern zwischen Buchen, Fichten und Kiefern. Dort oben erwarten Sie drei Erlebnisstationen mit Seil- und Wackelbrücken, Trapezen und Balancierbalken. Außerdem werden mehrere Themen rund um den Bergmischwald erläutert, etwa lokale Baumarten und ihre Lebensbedingungen. Die biologische Vielfalt des Bergwaldes, die Baumkronenforschung und der Kampf ums Licht sind weitere Informationspunkte.

Kurz vor Ende des Pfades geht's auf die Plattform des 44 Meter hohen Aussichtsturmes. Er beeindruckt nicht nur durch seine architektonische Form, sondern auch durch seine Konstruktion um drei alte, bis zu 38 Meter hohe Tannen und Buchen. Über 500 Meter windet sich die Rampe im Turm nach oben und bietet einzigartige Einblicke in das Leben und die Entwicklung dieser drei Baumriesen.

Anfahrt **Öffentlich:** Bahnlinie München–Passau, ab Passau Bus nach Grafenau, ab Grafenau Bus bis Neuschönau. **Auto:** A 92 Richtung Deggendorf/Landshut, Ausfahrt Kreuz Deggendorf, auf A 3 Richtung Linz/Passau bis Ausfahrt Hengersberg, auf B 533 Richtung Osterhofen/Niederalteich/Grafenau, bei B 533 rechts, Ausfahrt auf St 2132, bei FRG 22 rechts und auf FRG 5 bis Neuschönau fahren.

Informationen Baumwipfelpfad, Böhmstraße 41, 94556 Neuschönau, Tel. 08558/974074; www.baumwipfelpfad.by.

Öffnungszeiten 1. November bis 31. März täglich 9.30–15.30 Uhr, 1. April bis 31. Mai, Oktober täglich 9.30–18 Uhr, 1. Juni bis 30. September 9.30–19.30 Uhr. Einlass bis 1 Stunde vor Ende der Öffnungszeit.

Museumsdorf bei Tittling

70

»Bitte berühren« – im Museumsdorf »Bayerischer Wald« bei Tittling, das zu den größten Freilichtmuseen Europas zählt, ist anfassen ausdrücklich erwünscht! Die speziell für Kinder angelegte Ausstellung entführt in die Vergangenheit des Bayerischen Waldes. Sie zeigt, wie die Bevölkerung vor 100 Jahren gelebt hat.

Die Bandbreite der Ausstellung ist groß. Kinder erfahren jede Menge über landwirtschaftliche Maschinen wie den Bulldog und den Dreschflegel, aber auch über Schulranzen und Gänsekiel sowie die Großfamilie gestern und Patchworkfamilie heute. Doch nicht nur für Kinder ist der Besuch des Museumsdorfs eine aufschlussreiche Reise in vergangene Zeiten.

Alle 150 historischen Gebäude, darunter Bauernhöfe aus dem 17. bis 19. Jahrhundert, alte Kapellen und Stallungen wurden am Originalstandort abgetragen und im Museumsdorf Stein für Stein wieder aufgebaut. Hier brauchen Sie nicht viel Fantasie, um sich vorzustellen, wie die Menschen damals gelebt haben. Originalgetreu eingerichtete Bauernstuben mit rustikalen Holzmöbeln und altem Geschirr, landwirtschaftliche Geräte, Schlitten und Kutschen lassen alte Zeiten wieder aufleben.

Außerdem verfügt das Museumsdorf mit über 60 000 Objekten über die größte volkskundliche Sammlung des Bayerischen Waldes.

Anfahrt **Öffentlich:** Bahnlinie München–Regensburg, ab Regensburg Regionalzug nach Passau, ab Passau Bus nach Tittling. **Auto:** A 9 München–Nürnberg, Ausfahrt Kreuz Neufahrn, A 92 Richtung Deggendorf/Landshut, Ausfahrt Kreuz Deggendorf, A 3 Richtung Linz/Passau, Ausfahrt Aicha vorm Wald Richtung Freyung/Waldkirchen/Tittling, bei St 2127 links abbiegen, Ausschilderung Tittling folgen.

Informationen Museumsdorf Bayerischer Wald, Am Dreiburgensee, 94104 Tittling, Tel. 08504/8482; www.museumsdorf.com.

Öffnungszeiten Sommer: Mitte April bis Ende Oktober täglich 9–17 Uhr; im Winter sind Spaziergänge durch das Museumsdorf möglich.

Anfahrt **Öffentlich:** Bahnlinie München–
Passau. **Auto:** A 92/A 3 München–Landshut–Deggendorf–Passau.

Informationen Tourist-Information
Passau, Rathausplatz 3 (Neues Rathaus), 94032
Passau, Tel. 0851/955980; www.passau.de.

Passau 71

Tradition und Moderne treffen in Passau aufeinander und verleihen der Stadt einen besonderen Charakter. Die jüngste Uni in Bayern und die legendären »Scharfrichter« gehören ebenso hierher wie die älteste Domorgel der Welt und eine über 1200-jährige Vergangenheit als Bischofssitz.

Passau gilt als Hauptstadt des politischen Kabaretts – Widerspruchsgeist scheint in der Stadt Tradition zu haben. Ihm verdankt Passau eines seiner Wahrzeichen, die mächtige Veste Oberhaus. Die Burg wurde Anfang des 13. Jahrhunderts auf einem Felsen zwischen Donau und Ilz erbaut, zum Schutz vor Feinden, zu denen auch die Passauer Bürger (!) gehörten, die gegen die bischöfliche Macht aufbegehrten.

Der Aufstieg zur Burg lohnt sich. Von dort haben Sie einen großartigen Blick auf die Altstadt mit ihrer Flusslandschaft. Auf dem Rückweg kommen Sie an der Salvatorkirche vorbei und gelangen über die Prinzregent-Luitpold-Brücke in die Altstadt. Am nahen Dreiflüsse-Eck fließen Donau, Inn und Ilz zusammen. Über die Bräugasse gehen Sie zum Museum Moderner Kunst, das regelmäßige Ausstellungen zeitgenössischer Künstler zeigt. Weiter geht es zum Kloster Niedernburg in der Jesuitengasse. Direkt am Innufer erwartet Sie die Jesuitenkirche St. Michael im italienischen Barockstil. Schräg gegenüber liegt das mehrfach umgebaute Alte Rathaus.

In Richtung Inn kommen Sie zur Neuen Bischöflichen Residenz mit prächtiger Barockfassade und beeindruckendem Treppenhaus mit Deckenfresko. Ein weiteres Wahrzeichen ist der Dom St. Stephan, den italienische Barockkünstler Ende des 17. Jahrhunderts errichteten.

ANTENNE BAYERN TIPP

Eine echte Institution in Passau ist das »ScharfrichterHaus« mit einer Mischung aus Kabarett, Theater, Kino, Restaurant und Café. Hier gibt es linkes Kabarett vom Feinsten – und das in einer erzkonservativen Stadt. Die in Passau geborenen Kabarettisten Bruno Jonas und Sigi Zimmerschied treten dort regelmäßig auf.
ScharfrichterHaus Passau, Milchgasse 2, 94032 Passau; www.scharfrichterhaus.de.

Anfahrt **Öffentlich:** Bahnlinie München–Mühldorf, ab Mühldorf Regionalzug nach Burghausen. **Auto:** A 94 München–Passau, Ausfahrt Altötting, nach Burghausen fahren.

Informationen Tourist-Information Burghausen, Stadtplatz 112, 84489 Burghausen Tel. 08677/887-0; www.burghausen.de.

Öffnungszeiten Ganzjährig frei zugänglich.

Burg zu Burghausen

72

»Schon wieder ein Ausflug«, meckert der Nachwuchs. Doch das wird sich schnell ändern, wenn Sie das Ziel verkünden: die Burg zu Burghausen – mit 1051 Metern die längste Burg der Welt! Das bestätigt das »Guinness-Buch der Rekorde«. Worauf also noch warten? Tauchen Sie ein in die Welt des Mittelalters.

Die mächtige, gut erhaltene Burganlage zieht sich auf einem Bergrücken oberhalb der Altstadt von Burghausen zwischen zwei Flussarmen entlang. Die Hauptburg mit dem inneren Burghof ist noch heute von fünf abgeschlossenen Höfen umgeben, die durch Tore, Gräben und Zugbrücken gesichert waren. Dort befanden sich Wirtschaftsgebäude und Wohnbauten für Beamte und Handwerker. Wollten Feinde zur Burg vordringen, mussten sie diese erst überwinden – ein schwieriges Unterfangen.

Eine Blütezeit erlebte die Burg zwischen 1255 und 1503, als sie Zweitresidenz der niederbayerischen Herzöge war. Sie diente als Hofhaltung der Herzoginnen und der Kinder, als Wohnsitz des Erbprinzenpaares und als Witwensitz. Außerdem verwahrten die Herzöge ihren Gold- und Silberschatz in der mächtigen Trutzburg. Bekannteste Bewohnerin der Burg war die Gemahlin Herzog Georgs des Reichen, die polnische Königstochter Hedwig. An die Eheschließung mit dem bayerischen Herzog erinnert noch heute die »Landshuter Hochzeit«.

Bei einer Themenführung erfahren Sie Wissenswertes über die wechselvolle Geschichte der Burg. Lassen Sie sich überraschen! Natürlich können Sie die Burg aber auch auf eigene Faust besichtigen.

Ein besonderes Erlebnis ist das alljährlich im Juli stattfindende Burgfest. Drei Tage tauchen Burg und Besucher in das Jahr 1516 ein, als Herzog Wilhelm IV. mit Kaiser Maximilian I. hier zu Besuch war. Eröffnet wird das Fest mit einem historischen Festzug zur Burg. Dort erwarten die Besucher Genüsse aus vergangener Zeit.

ANTENNE BAYERN TIPP

Machen Sie einen Bummel durch die Altstadt von Burghausen und bewundern Sie die farbenfrohen Bürgerhäuser.

Anfahrt **Öffentlich:** Bahnlinie München–Berchtesgaden, ab Berchtesgaden Bus zum Obersalzberg. **Auto:** A 8 München–Salzburg, Ausfahrt Bad Reichenhall, B 20 nach Berchtesgaden, über die Obersalzbergstraße bis Parkplatz Obersalzberg, Bus zum Kehlsteinhaus.

Informationen Bergrestaurant Kehlsteinhaus »Eagles Nest«, Tel. 08652/2969, info@kehlsteinhaus.de.

Öffnungszeiten Geöffnet ca. 15. Mai bis 31. Oktober, im Winter geschlossen.

Kehlsteinhaus

73

Trotz seiner dunklen Vergangenheit fasziniert das Kehlsteinhaus vor allem durch seine gigantische Panoramaaussicht. Sie schauen direkt auf den Watzmann, den Königssee und bei gutem Wetter sogar bis nach Salzburg. Doch es ist nicht nur der einzigartige Blick, der uns hierherführt, sondern auch die Geschichte dieses besonderen Ortes.

Das wuchtige Kehlsteinhaus, auf einem Bergsporn in 1820 Metern Höhe gelegen, war ein Geschenk der NSDAP für Hitler zum 50. Geburtstag. Seit 1952 ist es öffentlich zugänglich und bietet neben dem grandiosen Ausblick auch die Gelegenheit, sich über dieses düstere Kapitel der deutschen Geschichte zu informieren. In nur einem Jahr Bauzeit, von 1937 bis 1938, wurde das Kehlsteinhaus im Auftrag von Martin Bormann über der schroffen Steilwand erbaut. Es war als Prestigeobjekt für offizielle Gäste gedacht.

Noch heute offenbart das Kehlsteinhaus den Größenwahn der Nazis. Der Zugang führt durch einen 124 Meter langen, mit Naturstein ausgeschlagenen Tunnel. Dann steht man vor einem mit polierten Messingplatten und Spiegeln verkleideten Aufzug. In 41 Sekunden fährt er weitere 124 Meter aufwärts zum »Gipfel der Macht«. Hitler selbst war nicht oft im Kehlsteinhaus. Er hielt sich meist in seinem »Berghof« am Obersalzberg auf.

Wie durch ein Wunder wurde das Kehlsteinhaus im Zweiten Weltkrieg nicht zerstört, blieb danach aber jahrelang den Alliierten vorbehalten. Seit 1960 wird es von der Tourismusregion Berchtesgaden-Königssee verwaltet und von privaten Pächtern als Berggaststätte geführt. Eine informative Fotoausstellung erläutert die Geschichte des »Adlerhorstes«, wie das Kehlsteinhaus auch genannt wird.

ANTENNE BAYERN TIPP

Der Obersalzberg, seit 1923 Hitlers Feriendomizil, wurde nach 1933 neben Berlin zum zweiten Regierungssitz ausgebaut. Unbedingt sehenswert ist die Dokumentation Obersalzberg in Berchtesgaden, eine ständige Ausstellung des Instituts für Zeitgeschichte über die Geschichte des Obersalzbergs und die NS-Diktatur.
Dokumentation Obersalzberg, Salzbergstraße 41, 83471 Berchtesgaden, Tel. 08652/947960; www.obersalzberg.de.

Anfahrt **Öffentlich:** Bahnlinie München–Berchtesgaden, ab Berchtesgaden Bus nach Königssee und Schönau. **Auto:** A 8 München–Salzburg, Ausfahrt Bad Reichenhall, B 20 bis Königssee.

Informationen Tourist-Information Schönau am Königssee, Rathausplatz 1, 83471 Schönau am Königssee, Tel. 08652/1760; www.koenigssee.com, www.berchtesgaden-info.de, www.seenschifffahrt.de.

Königssee

74

Ein See, so schön wie ein Fjord, und das mitten in Bayern – der Königssee. Streng genommen ist ein Fjord ein ins Festland reichender Meeresarm. Das ist der Königssee natürlich nicht, dafür aber der eindrucksvollste Gletschersee der deutschen Alpen.

Der Königssee im Berchtesgadener Land, der sich zwischen Hagengebirge und Watzmannmassiv erstreckt, ist einer der bayerischen Vorzeigeseen. Seine Landschaftskulisse ist fantastisch: Der smaragdgrüne Gletschersee ist umgeben von steil aufragenden Bergen, darunter der Jenner, der legendäre Hausberg.

Damit die Besucher den Königssee in seiner ganzen Pracht erleben können, fahren seit 1909 ganzjährig fast täglich geräuschlose Elektromotorboote über den See. Steigen Sie ein, es lohnt sich! Ein Höhepunkt der Bootsfahrt ist das einzigartige Echo der umliegenden Gebirgshänge, das der Bootsführer mit einem Horn oder einer Trompete vorführt.

Das Ziel der Fahrt ist die Halbinsel St. Bartholomä. Sie ist nur mit dem Schiff erreichbar. Dort steht die gleichnamige Wallfahrtskirche, deren älteste Bauteile aus dem 12. Jahrhundert stammen. Daneben befindet sich das ehemalige Jagdschlösschen der Wittelsbacher, heute eine historische Gaststätte. St. Bartholomä ist auch Ausgangspunkt für eine schöne Wanderung zur Eiskapelle, einem markanten Eisgewölbe, von dem sogar in Sommermonaten noch Schneereste zu sehen sind. Die Weiterfahrt nach Salet ist nur während der Sommermonate möglich. Von dort erreicht man in gut 15 Minuten den romantischen Obersee.

Wenn Sie den »Bayerischen Fjord« lieber etwas stiller und von oben überblicken möchten, dann empfehlen wir Ihnen den etwa 30-minütigen Spaziergang vom Ort Königssee zum »Malerwinkel«. Der gut ausgebaute Weg führt vorbei an historischen Walmdachhütten der Königssee-Schifffahrt zur kleinen Bucht am Seeufer. Bei klarer Witterung haben Sie einen atemberaubenden Blick über den See nach St. Bartholomä.

75 Kneifelspitze in Berchtesgaden

Ein Gipfelkreuz direkt auf der Sonnenterrasse eines Berggasthofes? Wir konnten es nicht glauben. Aber auf der 1189 Meter hohen Kneifelspitze ist das so. Nach rund eineinhalb Stunden Wanderung erreicht man den Gipfel und gleichzeitig die Paulshütte, wo Sie sich bei traumhafter Aussicht und deftiger Brotzeit für den Rückweg stärken können.

Die familienfreundliche Wanderung beginnt bei der Wallfahrtskirche Maria Gern. In die prächtige Wallfahrtskirche, die ab 1708 erbaut wurde, sollten Sie unbedingt einen Blick werfen. Sehenswert ist das Gnadenbild aus dem Jahr 1666 im Hochaltar. Es zeigt eine Madonna mit Kind, die im Laufe des Kirchenjahrs mit unterschiedlichen prächtigen Barockgewändern bekleidet wird. Die Decke der Wallfahrtskirche beeindruckt durch ihre reichen Stuckarbeiten und Fresken.

Nach der Kirchenbesichtigung folgen Sie den Wegweisern zur Kneifelspitze und Marxenhöhe.

Der Weg zur Kneifelspitze ist kurz, steigt aber gleichmäßig steil an. Besonders schön ist er im Frühjahr. Kurz nach der Schneeschmelze blühen hier tausende, schneeweiße Christrosen. Vom Gipfel der Kneifelspitze genießen Sie das grandiose Panorama auf den Berchtesgadener Talkessel und alle neun Gebirgsstöcke der Berchtesgadener Alpen.

Anfahrt Öffentlich: Bahnlinie München–Freilassing, ab Freilassing Regionalbahn nach Berchtesgaden. **Auto:** A 8 München–Salzburg, Ausfahrt Bad Reichenhall, B 20 nach Berchtesgaden.

Informationen Kur- und Kongresshaus Berchtesgaden, Maximilianstraße 9, 83471 Berchtesgaden, Tel. 08652/9445340;

www.tourismus-berchtesgaden.de. Berggaststätte Kneifelspitze (Paulshütte), Familie Datz, Kneifelspitzweg, 83471 Berchtesgaden/Maria Gern, Tel. 08652/62338; www.kneifelspitze-berchtesgaden.de.

Öffnungszeiten 1. März bis 31. Oktober 9–18 Uhr, 1. November bis 28. Februar nur Sa, So geöffnet.

Kaiser-Reich
Oberaudorf Kiefersfelden

AUSFLUGSZIELE

Bergwanderschule
Biergärten
Gießenbachklamm
Gold-Dorf Niederaudorf
Innfähre & Innschifffahrt
Innsola Freizeitbad
Museum Blaahaus
Museum im Burgtor
Puppentheater
Rad- und Wanderwege
Ritterschauspiele
Sommerrodelbahn Hocheck
Wachtl-Museums-Eisenbahn
Waldseilgarten
Wasserfälle Tatzelwurm
Wasserskilift

Bayern®

aiser-Reich Information   *D-83080 Oberaudorf*   *D-83088 Kiefersfelden*
ww.kaiser-reich.com   *Kufsteiner Straße 6*   *Dorfstraße 23*
fo@kaiser-reich.com   *Tel. 0 80 33 / 3 01 20*   *Tel. 0 80 33 / 97 65 27*

Anfahrt   **Öffentlich:** Bahnlinie München–Prien, zu Fuß nach Stock. **Auto:** A 8 München–Salzburg, Ausfahrt Bernau, B 305 nach Prien, Ortsteil Stock.

Informationen   Kur- und Tourismusbüro, Alte Rathausstraße 11, 83209 Prien am Chiemsee, Tel. 08051/69050; Ticket-Hotline Tel. 01805/4470777; www.tourismus.prien.de, www.chiemsee-schifffahrt.de, www.herrenchiemsee.de, www.chiemsee-inseln.de.

Öffnungszeiten   **Herrenchiemsee:** Neues Schloss (Besichtigung nur mit Führung): 1. April bis 15. Oktober 9–18 Uhr (letzte Führung um 17 Uhr), 16. Oktober bis 31.März 9.40–16.15 Uhr (letzte Führung um ca. 15.40 Uhr), täglich geöffnet, Zeiten abhängig von Schifffahrt.

Fraueninsel und Herrenchiemsee

76

In Bayerns größtem See, dem Chiemsee, liegen zwei Inseln mit zwei völlig unterschiedlichen Gesichtern: die weitläufige Herreninsel mit dem prachtvollen Königsschloss und Schlossgarten im Versailler Stil und die kleine, stimmungsvolle Fraueninsel mit ihrem ehrwürdigen Kloster und den schlichten Fischerhäusern.

Startpunkt des abwechslungsreichen Tagesausflugs ist die Anlegestelle in Prien. Von dort schippern Sie mit dem Dampfer zur Herren- und Fraueninsel. Auf beiden Inseln können Sie beliebig lange Station machen.

Auf der Herreninsel erreichen Sie nach einem etwa 20-minütigen Spaziergang das »bayerische Versailles«, wie Schloss Herrenchiemsee genannt wird. König Ludwig II. ließ 1873 diesen »Tempel des Ruhmes« für König Ludwig XIV. erbauen, den er sehr verehrte. Nach langen Planungen wurde 1878 mit dem Bau begonnen. Wegen finanzieller Probleme musste ihn Ludwig II. allerdings im Jahre 1885 abbrechen. Nach seinem Tod 1886 wurde das Schloss niemals vollendet. So ist es bis heute teilweise ein Torso geblieben – ein frappierender Gegensatz zum Luxus der fertigen Räumlichkeiten. Vielleicht haben Sie Lust auf eine Führung durch das Schloss. Einen Spaziergang lohnt der symmetrisch angelegte Schlossgarten mit seinen prächtigen Brunnen.

Nach so viel Prunk ist die ländliche Fraueninsel ein angenehmer Kontrast. Auf dem schönen Uferweg haben Sie die zwölf Hektar große Insel mit ihren rund 50 Häusern und etwa 300 Einwohnern in etwa einer halben Stunde umrundet. Den südlichen Inselteil dominiert das Kloster Frauenwörth. Es wurde um 860 gegründet und blieb bis heute eine Benediktinerinnen-Abtei. Dem Kloster vorgelagert ist eine Torhalle, das einzige erhaltene Gebäude aus der Karolingerzeit. Werfen Sie einen Blick in die Michaelskapelle mit ihren byzantinisch wirkenden Fresken. Der freistehende Glockenturm aus dem 13./14. Jahrhundert ist das Wahrzeichen des Chiemgaus. Achten Sie im Marienmünster, einer ursprünglich romanischen Basilika, auf die Fresken von 1130.

Anfahrt **Öffentlich:** Bahnlinie München–
Wasserburg, vom Bahnhof mit dem Bus in die
Altstadt. **Auto:** A 94 München–Passau, Ausfahrt
Forstinning, weiter Richtung Ebersberg, dort auf
der B 304 nach Wasserburg.

Informationen Gäste-Information im
Rathaus, Marienplatz 2 (Eingang Salzsenderzeile)
83512 Wasserburg am Inn, Tel. 08071/10522;
www.wasserburg.de; www.Brucktor-Ateliers.de;
www.arbeitskreis68.de.

Wasserburg

77

Klein, aber fein! Wasserburg begeistert auf Anhieb durch seine reiz-volle Lage auf einer Halbinsel inmitten einer Inn-Schleife. Und beim Bummel durch die Altstadt staunt man, wie lebendig und charmant das Städtchen ist. Dabei hat Wasserburg schon einige Jahre auf dem Bu-ckel, denn es zählt zu den geschichtsträchtigsten Städten Altbayerns.

Die Stadt am Inn beeindruckt nicht nur durch seine Lage auf einer Halb-insel, die farbenfrohen Bürgerhäuser, die mächtige Burg und die schma-len Gassen. Vielmehr zieht einen die besondere Atmosphäre in ihren Bann zieht: Die Stadt ist weltoffen und lebendig, kulturbegeistert und histo-risch, lebenslustig und natürlich. In der Altstadt mit den prunkvollen Häu-serzeilen im typischen Inn-Salzach-Stil erwarten Sie nette Straßencafés und Spaziergänge unter Laubengängen.

Wasserburg blickt auf eine lange Ge-schichte zurück. Die Stadt ist älter als das etwa 50 Kilometer westlich gelegene München. Die Lage am Kreuzungspunkt einer der wichtigsten Landstraßen mit der Wasserstraße Inn sorgte wohl dafür, dass sich das kleine Fischerdorf bald zum bedeutendsten Handelsort für Waren aus dem Balkan, Österreich und Italien entwickelte. Vom einstigen Wohlstand der Schiffsmeister und Handelsherren zeugen bis heute die präch-tigen Bürgerhäuser. Bereits im Mittelalter lebten Handwerker verschiedener Zünfte im Brucktor-Ensemble. Seit April 2010 ist das zu den wich-tigsten Bauwerken der Altstadt zählende Bruck-tor wieder belebt. In den restaurierten Räumen haben zehn Künstler und Künstlerinnen ihre Ateliers und einen Atelierladen eröffnet. Somit knüpfen sie an die alte Tradition an.

ANTENNE BAYERN TIPP

Nach dem Bummel durch die Alt-stadt und der obligatorischen Ein-kehr in einem der zahlreichen Stra-ßencafés würden wir Sie gerne ins Grüne entführen. Und zwar auf den Hochwasserdamm, der die Inn-Schleife um Wasserburg säumt. Vom Brucktor aus folgen Sie einfach dem Inn um die Stadt. Auf dem etwa ein-einhalb Kilometer langen Spazier-gang begleiten Sie moderne Skulp-turen und Kunstobjekte. Sie stammen von Künstlern des hiesi-gen »Arbeitskreis 68«, die hier über 30 ihrer Werke ausstellen. Der Ein-tritt ist frei.

Anfahrt   Öffentlich: Bahnlinie München–Prien, ab Prien Bus nach Eggstätt. **Auto:** A 8 München–Salzburg, Ausfahrt Bernau, B 305 nach Eggstätt.

Informationen   Tourist-Information, Obinger Str. 7, 83125 Eggstätt, Tel. 08056/1500; www.eggstätt.de.

Eggstätt-Hemhofer Seenplatte

78

Wenn es Ihnen am Chiemsee zu trubelig ist, empfehlen wir einen Ausflug an die romantischen Moorseen der Eggstätt-Hemhofer Seenplatte. Hier findet man immer ein stilles Plätzchen. Diese zauberhafte Seenlandschaft zwischen Eggstätt und Seeon ist eines der größten und ältesten Naturschutzgebiete Bayerns.

Um diese reizvolle Naturlandschaft in Ruhe kennenzulernen, empfehlen wir folgende, etwa eineinhalbstündige Rundwanderung. Ausgangs- und Endpunkt ist der auf einem flachen Höhenrücken gelegene Ort Eggstätt. Vor dem Ortsausgang weist ein Schild auf mehrere Wanderwege hin. Folgen Sie dem Rundweg Nr. 1. Am Minigolfplatz vorbei geht es zum Hartsee. Dort halten Sie sich links und spazieren gemütlich auf einem schattigen Waldweg. Immer wieder eröffnen sich reizvolle Blicke zum Ufer des Hartsees, das mit Schilf bewachsen ist. Mit fast 40 Metern ist er der tiefste See des Schutzgebiets. Ein Schild weist darauf hin, dass Sie sich auf geschichtsträchtigem Boden bewegen, auf der ehemaligen römischen »Via Julia«.

Neben dem Hartsee passiert der Rundweg noch weitere kleine Seen. So bekommen Sie einen lebhaften Eindruck von dieser ökologisch einzigartigen Naturlandschaft. In Eggstätt lohnt die erstmals im Jahr 926 erwähnte Pfarrkirche St. Georg einen Besuch. Der neugotische Bau geht auf das Jahr 1866 zurück. Danach haben Sie noch die Gelegenheit, im Biergarten des »Unterwirt« einzukehren. Die Gaststätte liegt am Kirchplatz mitten in Eggstätt.

ANTENNE BAYERN TIPP

Lust auf ein Wochenende im Chiemgau? Dann fahren Sie zum nahen Kloster Seeon am gleichnamigen See und treffen auf einen der schönsten Plätze weit und breit! Der idyllische See lädt zum romantischen Spaziergang ein, das wunderschön restaurierte ehemalige Kloster zum Übernachten und das Restaurant mit Blick auf den See zu gepflegter Jahreszeiten-Küche. Mit etwas Glück findet an diesem Abend im Kloster auch ein Konzert statt. Und versäumen Sie nicht, die Klosterkirche mit ihrer berühmten Madonna zu besuchen! Kloster Seeon, Kultur- und Bildungszentrum des Bezirks Oberbayern, Klosterweg 1, 83370 Seeon, Tel. 08624 8970; www.kloster-seeon.de.

Anfahrt   **Öffentlich:** Bahnlinie München–
Prien, ab Prien Regionalzug nach Aschau, ab
Aschau Bus nach Söllhuben. **Auto:** A 8 München–
Salzburg, Ausfahrt Frasdorf, Ausschilderung Söll-
huben folgen.

Informationen   Gasthof zur Post in Hir
zing, Endorfer Str. 13, 83083 Riedering,
Tel. 08036/1266; www.hirzinger.eu.

Aussichtskapelle
in Söllhuben

79

Es gibt nur wenige Gotteshäuser in einer derart schönen Lage. Die kleine Kapelle in Söllhuben ist einer der schönsten Aussichtsplätze weit und breit. Hier kann man den Herrgott einen guten Mann sein lassen, sich aufs »Bankerl« bei der alten Linde setzen und die traumhafte Aussicht genießen.

Seit 1675 ragt die 650 Meter hoch gelegene Kapelle stolz über das Rosenheimer Land und krönt das Pfarrdorf Söllhuben. Von hier oben haben Sie ein fantastisches Panorama – deshalb wird die Kapelle auch kurz »die Aussichtskapelle« genannt. Im Süden blicken Sie auf die Alpen von den Chiemgauer bis zu den Schlierseer Bergen, im Westen und Norden schauen Sie auf das Rosenheimer Land.

Das barocke Kirchlein trägt den Namen »Zur Schmerzhaften Muttergottes«, den es seiner wertvollen Pietàgruppe verdankt. Seit einem Einbruch wird dieses Schmuckstück allerdings anderswo aufbewahrt und nur bei festlichen Anlässen hierhergebracht.

Von der Kirche gleich ins Wirtshaus – so mag es der Bayer. Ein paar hundert Meter von der Kapelle entfernt erwartet Sie im Dorf Söllhuben ein uriger Dorfgasthof, der »Hirzinger«. Bereits 1477 wurde ein »Wirth von Söllhuben« urkundlich erwähnt. Das jetzige Wirtsgebäude entstand jedoch überwiegend im 19. Jahrhundert. Es ist ein für das Chiemgau typischer »Itaker-Hof«. So nennt man im Volksmund besonders stattliche Höfe. Früher war hier die Poststation untergebracht, daher der alte Name »Zur Post«. Heute ist die über 100 Jahre alte Gaststube mit dem großen Kachelofen der Stolz der Wirtsleute. Im Sommer zieht es die Gäste hinaus in den Biergarten zu einer kühlen Maß unter Kastanien. Serviert wird traditionell bayerische Küche, die von Einheimischen und Auswärtigen gleichermaßen geschätzt wird.

ANTENNE BAYERN TIPP

Verbinden Sie den Besuch der Kapelle mit einem Spaziergang oder Badetag am nahen Simssee und kehren Sie im »Hirzinger« ein. Was braucht man mehr zum Glücklichsein?

Anfahrt **Öffentlich:** Bahnlinie/BOB München–Schliersee. **Auto:** A 8 München–Salzburg, Ausfahrt Weyarn, auf B 307 nach Schliersee.

Informationen Gäste-Information Bahnhofstraße, 83727 Schliersee, Tel.08026/ 60650; www.schliersee.de; www.schlierseeschiff fahrt.de.

Schliersee und Spitzingsee

*Die Region Schliersee-Spitzingsee zählt zu den beliebtesten und male-
rischsten Freizeitzielen in den Bayerischen Alpen – und das schon seit
über 100 Jahren. Das Besondere ist nicht nur die landschaftliche
Schönheit, sondern auch die Vielfalt: Sie können Wandern, Segeln,
Wintersport betreiben oder auch einfach nur schauen.*

Im Sommerhalbjahr entdecken Sie den Schliersee am schönsten vom
Wasser aus. Entweder selbst als Steuermann in einem Elektro-, Tret- oder
Ruderboot oder genüsslich auf dem Sonnen-
deck der Schliersee III. Von Mai bis September
werden täglich zwischen 11 und 17 Uhr Rund-
fahrten angeboten. Die Abfahrt ist immer zur
vollen Stunde bei der »vitalwelt schliersee«.
Nach der Bootstour auf dem Schliersee möchten wir Sie an den Spitzingsee entführen, den
Sie mit dem Auto oder Bus schnell erreichen. In
der Valepp am Südrand des Spitzingsees erwartet Sie die Albert-Link-Hütte mit einer aus-
gezeichneten Gastronomie. Im Ort Spitzingsee
folgen Sie vom Kirchparkplatz ausgehend bei
der Wurzhütte der Valepper Straße und erreichen nach etwa 20 Minuten Ihr Ziel. Mit etwas
Glück steht der Wirt gerade auf der Terrasse und
zieht kleine, runde Holzofenbrote aus dem
Backofen. Daneben kommen auch altbayeri-
scher Leberkäse, Käse und Kuchen aus dem
Ofen. Nicht minder aromatisch duften der wür-
zige Bergkäse, der Wildschinken und der Bau-
ernspeck, die im Räucherhaus gleich nebenan
geräuchert werden. Eine weitere Spezialität des
Hauses ist der karamelisierte Kaiserschmarrn.

ANTENNE BAYERN TIPP

Manche Schmankerl von der Albert-
Link-Hütte können Sie auch mit
nach Hause nehmen. Je nach Angebot gibt es Wildsalami oder -schin-
ken, geräucherten Käse und natürlich Holzofenbrot zu kaufen.
Albert-Link-Hütte, Valepper Str. 8,
83727 Schliersee, Tel. 08026/71264;
www.albert-link-huette.de.
Im Schlierseer Ortsteil Neuhaus gibt
es eine weitere Spezialität. Dort
wird der einzige bayerische Single
Malt Whisky »gemacht«: der »Slyrs
Bavarian Single Malt Whisky«. Besichtigung der Destillerie ist täglich
möglich, Führung nach Voranmeldung. Slyrs Bavarian Single Malt
Whisky Destillerie, Bayerischzeller
Straße 13, 83727 Schliersee,
Tel. 08026/9222795; www.slyrs.de.

Anfahrt **Öffentlich:** S-Bahnline S 7 ab Marienplatz/Hauptbahnhof nach Wolfratshausen. **Auto:** B 2 nach Wolfratshausen, bis Weidach fahren.

Informationen Flößerei Josef Seitner,

Lindenweg 1, 82515 Wolfratshausen, Tel. 08171/78518; www.flossfahrt.de.

Termine Vom 1. Mai bis 15. September täglich ab Wolfratshausen.

Floßfahrt auf der Isar 81

»O'zapft is!«, so heißt es zu Beginn jeder Isar-Floßfahrt. Dieses unvergessliche Erlebnis sollten Sie sich mindestens einmal im Leben gönnen! Allerdings müssen Sie sich frühzeitig anmelden, denn die feuchtfröhlichen Fahrten sind sehr beliebt.

Jede Floßfahrt beginnt in Wolfratshausen an der Floßlände. Früh morgens bauen dort die Flößer ihre Flöße aus Baumstämmen, bevor sie und ihre Gäste zu der abwechslungsreichen Floßfahrt aufbrechen. Diese dauert zwischen fünf und sieben Stunden. An Bord sorgen fetzige Live-Musik, eine urige Brotzeit und frisch gezapftes Bier für gute Stimmung.

Zu Beginn der Fahrt gleitet das Floß gemütlich durch die Pupplinger Au, einem Auwald, der unter Naturschutz steht. Weiter geht es am Isarspitz vorbei, wo die Loisach in die Isar mündet, zum Ickinger Wehr. Hier biegt das Floß auf den Isarkanal ab. Wer möchte, kann sich bei einem erfrischenden Bad abkühlen. Über die Aumühle geht es vorbei am Kloster Schäftlarn ins Mühltal bei Straßlach. Viele Flöße legen hier am »Gasthaus zur Mühle« an.

Nach der Mittagspause erwartet Sie die längste Floßrutsche Europas. Auf einer Länge von 365 Metern saust das Floß mit bis zu 40 Stundenkilometern 18 Meter in die Tiefe. Nichts für schwache Nerven! Gleich danach folgt schon das nächste Abenteuer: Der Georgenstein, ein neun Meter hoher Felsen in der Isar. Die Flößer müssen präzise Arbeit leisten, um das Floß sicher vorbei zu manövrieren. Nächste Station ist die (kleinere) Rutsche am Baierbrunner Wehr. An der Burg Grünwald vorbei erwartet Sie in Großhesselohe die letzte Rutsche. Am späten Nachmittag ist das Ziel erreicht, die Floßlände im Münchner Stadtteil Thalkirchen.

Die Geschichte der Floßfahrt in Bayern begann im 12. Jahrhundert, der Zeit der Stadtgründungen. Ursprünglich wurden Holz oder Waren transportiert, meist von Kleinbauern. Im 15. Jahrhundert schlossen sich dann gewerbsmäßige Flößer zusammen und gründeten die Flößerzunft.

Anfahrt   **Öffentlich:** U-Bahnlinie U 3 bis Olympiazentrum, ca. 10 Minuten Fußweg zum Olympiapark. **Auto:** Mittlerer Ring bis Olympia-zentrum, Parkplatz am Olympiastadion.

Informationen   Olympiapark München, Spiridon-Louis-Ring 21, 80809 München, Ticket-Hotline Tel. 0180/54818181; www.olympia-park.de.

Öffnungszeiten   Ganzjährig frei zu-gänglich.

Olympiapark in München

Der vielleicht lebendigste Olympiapark der Welt. Beliebt bei Joggern und Inlineskatern. Kinder zieht's zur SoccaArena oder zum Sea Life. Musik-Freaks strömen zu den Open-Air-Konzerten, Eishockey-Fans zu ihrer Mannschaft. Touristen aus aller Welt staunen über die besondere Architektur und Atmosphäre.

All das und noch viel mehr ist der Olympiapark in München. Rund 850 000 quicklebendige Quadratmeter laden zu Freizeit und Vergnügen ein. Das Angebot ist riesig, da findet jeder das Passende.

Der Park ist an 365 Tagen im Jahr rund um die Uhr geöffnet und ohne Eintritt frei zugänglich. Hier können Sie spazieren gehen, am Ufer des Olympiasees schlendern, auf einer Wiese faulenzen oder auf den Olympiaberg steigen. Vielleicht haben Sie auch Lust auf eine geführte Zeltdachtour, eine Besichtigung des Olympiaturms oder eine Fahrt mit der Parkeisenbahn.

Sie sind lieber selbst sportlich aktiv? Kein Problem, der Gesundheitspark mit seinem vielfältigen Angebot und die Olympia-Schwimmhalle mit 10-Meter-Sprungturm, Sauna- und Fitnessbereich warten auf Ihren Besuch.

Ein weiterer Besuchermagnet ist der MOWOS, der »Munich Olympic Walk of Stars«. Seit 2003 verewigen sich im Olympiapark nationale und internationale Legenden aus Sport, Musik und Unterhaltung in Beton, mit ihren Händen und Signet. Lassen Sie sich überraschen. Auf 800 Metern Fußweg entlang des Olympiasees entdecken Sie z.B. die Spuren von Nena, Xavier Naidoo und Michael Stich.

ANTENNE BAYERN TIPP

Bei einer herzhaften Brotzeit im Biergarten oder einem gemütlichen Picknick am Olympiasee können Sie einen erlebnisreichen Tag wunderbar ausklingen lassen. Nicht nur für BMW-Fahrer spannend: Ein kostenloser Besuch der BMW-Welt, der 2007 eröffneten Ausstellungs-, Erlebnis- und Eventstätte gleich beim Olympiapark. Hier können Sie hinter die Kulissen von BMW schauen. Es gibt aber auch kostenlose Konzerte und andere kulturelle Angebote. Ebenfalls sehenswert ist das BMW-Museum. Es wurde 1973 als eines der ersten Markenmuseen gegründet und 2008 und erweitert. BMW Welt, Am Olympiapark 1, 80809 München, Tel. 0180/2118822; www.bmw-welt.com.

Anfahrt

Öffentlich: U-Bahnline U 6 bis Fröttmaning, ca. 15 Minuten Fußweg. **Auto:** A 99, Ausfahrt Fröttmanning-Nord; A 9, Ausfahrt Fröttmanning-Süd.

Informationen

Allianz Arena, Werner-Heisenberg-Allee 25, 80939 München; Ticket-Hotline Tel. 01805/555101; www.allianz-arena.de.

Öffnungszeiten

Mo–Fr 8.30–17.30 Uhr. Arena-Touren täglich außer an Veranstaltungs- bzw. Spieltagen: November bis März 9.30–16.30 Uhr, April bis Oktober 9.30–17.30 Uhr.

Allianz Arena
in München

83

Ein Bürgerentscheid für ein Fußballstadion. Wo gibt`s denn das? In München, Deutschlands heimlicher Fußballhauptstadt. Am 21.10. 2001 stand fest: Die Münchner bekommen ein »richtiges« Stadion für ihre Bundesligavereine. Das Ergebnis ist ein echter Hingucker, vor allem die aufblasbaren Luftkissen, die in drei Farben leuchten können.

Im Finale um den besten Entwurf für das neue Fußballstadion im Münchner Norden siegten die Schweizer Architekten Herzog und de Meuron. Ihre futuristisch anmutende Fußballarena überzeugte die Fachwelt. Weil auf Ecken und Kanten verzichtet wurde, sieht sie aus wie ein soeben gelandeter bauchiger Zeppelin.

Das Stadion wird auf einer Fläche von rund 64 000 Quadratmetern von einer gigantischen Membranhülle aus federleichter, nur 0,2 Millimeter dünner ETFE-Folie bedeckt. Der Clou dieser Membranhülle: Sie besteht aus 2760 trapezförmigen, aufblasbaren Luftkissen – eine moderne Anspielung an die bayerische Raute und eine geschickte Tarnung für die darunterliegende massive Konstruktion. Die Luftkissen können in drei Farben leuchten: rot an Spieltagen des FC Bayern, blau an Spieltagen des TSV 1860 München und weiß an spielfreien Tagen. In weniger als drei Jahren Bauzeit entstand die 365 Millionen teure Allianz Arena – benannt nach ihrem Sponsor. Das rautenförmige Stadion in München-Fröttmaning fasst 69 901 Zuschauer auf Sitz- und Stehplätzen, allesamt überdacht und auf drei Ränge verteilt. Seit der Eröffnung der Allianz Arena füllen die Spiele der Lokalrivalen FC Bayern und TSV 1860 München das Stadion. Kleiner Wermutstropfen: Um ein Spiel live sehen zu können, müssen Sie zumindest beim Rekordmeister FC Bayern recht tief in die Tasche greifen, sofern es überhaupt noch Karten gibt. Einfacher ist es, die Arena Fan Tour zu buchen, die fast täglich stattfindet.

ANTENNE BAYERN TIPP

Am schönsten ist die Allianz Arena in der Nacht, wenn Sie mit dem Auto auf der A 9 stadteinwärts fahren. Plötzlich taucht rechter Hand der leuchtende »Schwimmreifen« auf. Auch Nicht-Fußballfans sind beeindruckt!

Anfahrt **Öffentlich:** U-Bahnlinien U3/U6 bis Universität oder Münchner Freiheit, jeweils ca. 5 Minuten Fußweg; Buslinie 54 ab Münchner Freiheit bis zum Chinesischen Turm. **Auto:** Isarring, Ausfahrt Hirschau.

Informationen Englischer Garten, 80538 München; Tourist-Information am Hauptbahnhof, Bahnhofsplatz 2, 80335 München; www.muenchen.de.

Öffnungszeiten Ganzjährig frei zugänglich.

Englischer Garten in München

84

Wissen Sie, warum Münchens schönster und zugleich ältester Park »Englischer Garten« heißt? Die Erklärung ist schnell gefunden: Der bayerische Kurfürst Karl Theodor ließ 1789 vom späteren Grafen Rumford am Isarufer einen »Militärgarten« nach dem Vorbild eines englischen Landschaftsgartens anlegen.

Und schon bald wurde der riesige Park auch für die Öffentlichkeit zugänglich gemacht. Die Münchner waren sofort begeistert von ihrem neuen Park – und daran hat sich bis heute nichts geändert. Vor allem bei schönem Wetter ist der Englische Garten ein überaus beliebter Treffpunkt. Einer der reizvollsten Plätze im Park ist der Kleinhesseloher See mit dem Biergarten-Restaurant »Seehaus«. Sobald die Sonne scheint, sind die Bänke dort schnell belegt. Denn das »Seehaus« ist mehr als ein »Biergarten«, es steht für das typisch münchnerische Lebensgefühl.

Wenn es Ihnen im »Seehaus« zu trubelig ist, steigen Sie am besten aufs »Radl« und fahren in den nördlichen Teil des Englischen Gartens. Dieser ist deutlich weniger besucht als der südliche. Hier finden sich viele romantische Plätzchen an idyllischen Bächen oder auf stillen Wiesen. Im Sommer weiden hier sogar manchmal Schafe. Wenn später der Magen knurrt und die Kehle trocken ist, radeln Sie zum »Aumeister«, einem beliebten Biergarten mit Spielplatz. Sollte der Weg zu weit sein, wartet auf halber Strecke die »Hirschau«, ein weiterer Biergarten mit Live-Jazz-Musik.

Münchens größte Grünfläche bietet aber weit mehr als nur bei einer Maß Bier und einer »Brezn« im Biergarten zu sitzen. Hier lässt es sich auch auf einer Bank sitzen und in die Sonne blinzeln, im kalten Eisbach baden oder Wellen reiten, Drachen steigen lassen, Federball oder Fußball spielen, Joggen, den Hund ausführen und Sonnenbaden.

ANTENNE BAYERN TIPP

Einen besonders schönen Blick auf die Münchner Skyline haben Sie vom Monopteros. Der griechisch anmutende Rundtempel wurde 1836 auf einem künstlich aufgeschütteten Hügel angelegt, dessen Erdmassen vom Aushub des Kleinhesseloher Sees stammen.

Für H. König

Informationen

»Valentin-Musäum«: Volkssängermuseum und Volkssängerlokal im Isartor, 80331 München, S-Bahn: Haltestelle Isartorplatz, Tel. 089/223266; Öffnungszeiten: Mo, Di, Do 11.01–17.29 Uhr, Fr, Sa 11.01–17.59 Uhr, So 10.01–17.59 Uhr, Mi geschlossen; www.valentin-musaeum.de.

Bier- und Oktoberfestmuseum: Sterneckerstraße 2, 80331 München, U-/S-Bahn: Haltestelle Marienplatz oder S-Bahn: Haltestelle Isartorplatz, Tel. 089/24231607; Öffnungszeiten: Di–Sa 13–17 Uhr, Museumsstüberl 17–24 Uhr; www.bier-und-oktoberfestmuseum.de.

Kartoffelmuseum: Grafinger Straße 2, 81671 München, S-Bahn: Haltestelle Ostbahnhof, Tel. 089/404050; Öffnungszeiten: Di–Do nach Vereinbarung, Fr 9–18 Uhr, Sa 11–17 Uhr; www.kartoffelmuseum.de.

Valentin-Musäum und andere Kuriositäten

85

Wer sagt denn, dass ein Museumsbesuch immer anstrengend oder sogar langweilig sein muss? Wir haben für Sie weltweit einzigartige Museen in München ausgesucht, die ganz anders sind als die meisten »normalen« Museen: Das »Valentin-Musäum«, das Kartoffelmuseum und das Bier- und Oktoberfestmuseum.

Vor Erfindung des Fernsehens und der Comedy-Shows gab es in München die so genannten Volkssänger. Sie traten in Lokalen der Altstadt regelmäßig auf und unterhielten das Publikum mit Liedern und komischen Einlagen. Der berühmteste Volkssänger war Karl Valentin. Er fing als Musikclown und Solokomiker an und schaffte es sogar mit einem eigenen Stück bis zu den Münchner Kammerspielen.

Zu Ehren Valentins wurde 1959 ein Museum eingerichtet, das so außergewöhnlich ist wie sein Namensgeber. Ausgestellt sind viele skurrile Objekte, beispielsweise der berühmte Nagel, an den Karl Valentin seinen Schreinerberuf »hängte«, der mit Pelz besetzte »Winterzahnstocher« oder der Vesuv, der nicht raucht, weil er weiß, dass Rauchen im »Musäum«, wie es »korrekt« heißt, nicht erlaubt ist. Sollte Ihnen der »Valentin«-Humor zu schräg sein, trifft vielleicht eines der beiden nachfolgenden, ebenfalls recht ungewöhnlichen Museen eher Ihren Geschmack:

Im **Bier- und Oktoberfestmuseum** erfahren Sie alles über die Geschichte des beliebten Gerstensaftes, seine Herstellung und das weltweit einzigartige bayerische Reinheitsgebot. Außerdem geht es um die Entstehung und Entwicklung des Oktoberfests. Das heute größte Volksfest der Welt fand erstmals im Jahre 1810 anlässlich der Hochzeit von König Ludwig I. mit Prinzessin Therese von Sachsen-Hildburghausen statt.

Weltweit einzigartig ist auch das **Kartoffelmuseum**, das sich der Kartoffel in all ihren Facetten widmet. Es zeigt beispielsweise die Geschichte vom Inka-Gold zum Volksnahrungsmittel, den Anbau und die Verwendung der beliebten Knolle sowie die künstlerische Umsetzung des Kartoffelmotivs in verschiedenen Zeitepochen.

Anfahrt **Öffentlich:** Bahnlinie München–
Kochel, ab Kochel Bus nach Walchensee. **Auto:**
A 95 München–Garmisch-Partenkirchen, Aus-
fahrt Murnau/Kochel, nach Walchensee fahren.

Informationen Tourist-Information K
chel am See, Bahnhofstr. 23, 82431 Kochel am
See, Tel. 08851/338; www.walchensee.kochel.de
www.herzogstandbahn.de.

Herzogstand

86

König Ludwig II. erkor ihn zu seinem Lieblingsberg, den er oft zu Pferde erklomm – den Herzogstand oberhalb von Walchensee. Weil sich der »Kini« so gerne hierher zurückzog, ließ er unterhalb des Gipfels ein schlichtes Jagdhaus erbauen. Damit war der Grundstein für das moderne Herzogstand-Berggasthaus gelegt.

Die Begeisterung des Monarchen für den Hausberg von Walchensee teilen inzwischen viele Bergwanderer. Seit Generationen gehört der 1731 Meter hohe Herzogstand zu den Klassikern der Münchner Hausberge. Wen wundert's angesichts des unglaublichen Gipfelblicks auf die umliegenden Berge und die oberbayerischen Seen im Tal. Dass man hier an schönen Tagen nicht ganz alleine ist, versteht sich von selbst.

Der Aufstieg zum Herzogstand ist einfach und ideal für Familien mit Kindern. Nach etwa zwei Stunden erreicht man den Berggasthof »Herzogstand« und nach weiteren 45 Minuten den Gipfel.

Ausgangspunkt der reizvollen Bergtour ist die Talstation der Herzogstandbahn in Walchensee. Anfangs ist der schattige Waldweg recht steil. Er wird aber bald angenehmer und zieht sich in Serpentinen stetig bergauf. Nach einer guten Stunde erreichen Sie eine ausgesetzte Felspassage, die mit Drahtseilen gut gesichert ist. Wenig später sorgt ein Wasserfall für Erfrischung. Weiter geht es durch Lärchen- und Kiefernwald in Kehren hinauf zum Berggasthaus »Herzogstand«. Hier treffen Wanderer und Gondelfahrer aufeinander. Es folgt das letzte Wegstück zum Gipfelpavillon. Bei gutem Wetter bietet sich eine überwältigende Fernsicht: Im Norden die oberbayerischen Seen und München, im Osten die Benediktenwand, Tegernseer Berge, Wilder Kaiser und Rofan, im Süden der Großglockner, Venediger und Karwendel, im Südwesten das Wettersteingebirge mit Zugspitze und im Westen der Heimgarten und die Ammergauer und Allgäuer Berge.

ANTENNE BAYERN TIPP

Wenn Sie mit kleinen Kindern unterwegs oder nicht so gut zu Fuß sind, bringt Sie die Seilbahn in wenigen Minuten direkt zum Herzogstandhaus.

Anfahrt **Öffentlich:** Bahnlinie München–Kochel, ab Kochel Bus nach Walchensee. **Auto:** A 95 München–Garmisch-Partenkirchen, Ausfahrt Murnau/Kochel, nach Walchensee.

Informationen E.ON Wasserkraft GmbH, Kraftwerksgruppe Walchensee, Altjoch 21, 82431 Kochel, Tel. 08851/770; www.walchensee.net.

Öffnungszeiten Info-Zentrum täglich 9–17 Uhr, Gruppenführungen Di 16 Uhr (Mai bis Oktober) und nach Voranmeldung unter Tel. 08851/77211.

Erlebniskraftwerk Walchensee 87

Wie funktioniert eigentlich Wasserkraft? Und wie gewinnt man Energie daraus? Nach dem Besuch des Erlebniskraftwerks Walchensee wissen wir mehr. Das zum Industriedenkmal ernannte Wasserkraftwerk ist bis heute eines der größten seiner Art in Deutschland.

Das Walchensee-Kraftwerk leistet einen wichtigen Beitrag zur Energieversorgung Oberbayerns. Es erzeugt jährlich etwa 320 Millionen Kilowattstunden umweltfreundliche Energie – das entspricht mehr als dem Jahresbedarf von 60 000 Vier-Personen-Haushalten.

Das Besondere am Walchensee-Kraftwerk: Zur Gewinnung elektrischer Energie nutzt es die 200 Meter Höhenunterschied zwischen den beiden natürlichen Becken des Walchen- und Kochelsees. Dazwischen wurde eine Rohrverbindung angelegt, an deren Ende sich die Generatoren eines Wasserkraftwerks befinden.

Das unter Denkmalschutz stehende Industriebauwerk ist eine beliebte Touristenattraktion. Alljährlich kommen über 100000 Besucher, um die Erzeugung von Wasserenergie zu erleben. Im spannenden, multimedialen und interaktiven Informationszentrum des Kraftwerks lernen Sie spielerisch jede Menge über die Energiegewinnung aus Wasserkraft, beispielsweise im »Wasserkraftraum« mit Turbinenmodellen, Touch-Screen-Terminals, Internet-Stationen und Kommunikationstafeln. Der »Walchensee-Raum« dokumentiert anschaulich die Idee und Geschichte des Kraftwerks und im »E.ON-Raum« präsentiert sich sein Betreiber.

ANTENNE BAYERN TIPP

Genug von der Technik und Lust auf Kunst? Dann könnten Sie noch einen Abstecher zum Franz Marc Museum am Kochelsee machen. Schon die Lage am See ist traumhaft, erst recht die Ausstellungsräume. Der moderne Erweiterungsbau ermöglicht eine Gegenüberstellung des Werks von Franz Marc mit den Werken einiger seiner Zeitgenossen, etwa den »Brücke«-Künstlern, aber auch modernen Nachkriegskünstlern – ein ungewöhnlicher und reizvoller Ansatz. Kunst im 20. Jahrhundert, Franz Marc Park 8–10, 82431 Kochel am See, Tel. 08851/924880; www.franz-marc-museum.de.

Anfahrt **Öffentlich:** Bahnlinie München–
Mittenwald, ca. 10 Minuten Fußweg zur Talsta-
tion der Karwendelbahn. **Auto:** A 95 München–
Garmisch-Partenkirchen bis Autobahnende, B 2
nach Garmisch-Partenkirchen, am Ortseingang
Richtung Mittenwald.

Informationen Bergwelt Karwendel,
Alpenkorpsstr. , 82481 Mittenwald, Tel. 08823/
9376760; www.bergwelt-karwendel.de.

Öffnungszeiten Täglich von 9–17 Uhr.

Riesenfernrohr
in Mittenwald

Quizfrage: Was ist 34 Meter lang, über 8 Meter breit und ragt rund 7 Meter über den Abgrund ins Tal hinaus? Na, gewusst? Es ist das gigantische Riesenfernrohr an der Bergstation der Karwendelbahn, das rund 1300 Meter über den Dächern von Mittenwald thront und Deutschlands höchstgelegene Umweltausstellung beherbergt.

Sie können sich die Dimensionen des riesigen Fernrohrs nicht vorstellen? Dann kommen Sie zum Naturinformationszentrum »Bergwelt Karwendel«, das in der Form eines riesigen Fernrohrs gebaut wurde. In seinem Inneren erleben Sie eine spannende Zeitreise durch die empfindliche Hochgebirgswelt des Karwendels, seine Pflanzen und Tiere sowie das Leben der Menschen in dieser Region. Und dann erwartet Sie natürlich noch der Schwindel erregende Blick durch das Riesenfernrohr. Es erfordert schon etwas Mut, über den Abgrund zu treten und durch das Panoramafenster zu schauen. Doch es lohnt sich! Das gesamte Karwendelgebirge liegt vor Ihnen, auch der Blick ins Isartal ist fantastisch. Und das Beste daran: Es kostet nichts, denn der Eintritt ist frei.

Sie erreichen das Naturinformationszentrum bequem mit der Karwendelbahn von Mittenwald aus. Eröffnet wurde es im Juli 2008. Seitdem lassen sich Familien und Schulklassen, Wanderer und Urlauber von der Ausstellung und vom fantastischen Panorama beeindrucken. Wegen seiner besonderen Konzeption und Anlage wurde die »Bergwelt Karwendel« deutscher Preisträger im »Wettbewerb der Alpenkonferenz für nachhaltige und innovative Tourismusprojekte in den Alpen«.

ANTENNE BAYERN TIPP

Vor oder nach dem Blick durch das Riesenfernrohr empfehlen wir Ihnen einen Bummel durch den historischen Ortskern von Mittenwald mit seinen schönen alten Häusern mit »Lüftlmalereien«. Im kleinen Geigenbaumuseum erfahren Sie, dass in Mittenwald bereits seit 1684 das Handwerk des Geigenbaus gepflegt wird. Mit der Jahrhundertwende entwickelte sich Mittenwald zu einem touristisch bedeutsamen Höhenluftkurort.

Geigenbaumuseum Mittenwald, Ballenhausgasse 3, 82481 Mittenwald, Tel. 08823/2511; www.geigenbaumuseum-mittenwald.de.

Anfahrt
Öffentlich: Bahnlinie München–Garmisch-Partenkirchen, ab Garmisch-Partenkirchen mit dem Bus zum Olympiastadion. **Auto:** A 95 München–Garmisch bis Autobahnende, auf der B 2 nach Garmisch, Richtung Mittenwald, Ausschilderung zum Olympiastadion und zur Partnachklamm folgen.

Information
Tourist-Information Garmisch-Partenkirchen, Rathausplatz 1, 82467 Garmisch-Partenkirchen, Tel. 08821/9100; www.garmisch-partenkirchen.de; www.partnachklamm.de.

Öffnungszeiten
Täglich 8–18 Uhr (Sommer), 9–17 Uhr (Winter); während der Schneeschmelze kann die Partnachklamm kurzfristig gesperrt sein.

Partnachklamm

89

Die 700 Meter lange Partnachklamm bei Garmisch-Partenkirchen zählt zu den schönsten Naturdenkmälern Bayerns. Ihre Durchwanderung ist zu jeder Jahreszeit ein beeindruckendes Erlebnis: Im Sommer stürzen gewaltige Wasserfälle von bis zu 80 Meter hohen Felshängen, im Winter geben bizarre Eisgebilde der Klamm einen besonderen Reiz.

Um dieses wunderschöne Naturschauspiel zu erleben, gehen Sie vom Parkplatz am Olympia-Skistadion auf einer breiten Fahrstraße in etwa 25 Minuten zur Partnachklamm. Wer müde Beine hat, kann sich auch mit einer Pferdekutsche zur Klamm fahren lassen.

Entstanden ist die Partnachklamm durch den Ferchenbach und die Partnach. Im Laufe von Jahrmillionen haben sie sich in mühsamer Arbeit ihren Weg durchs Gestein gegraben. Ab dem 18. Jahrhundert wurde die Klamm wirtschaftlich genutzt, zum »Triften« von Holz, wie man den Transport von Holz nannte. Im Frühjahr wurde das Holz gekennzeichnet und in die Partnach und den Ferchenbach geworfen, wo es vom Schmelzwasser talabwärts transportiert wurde. Oftmals verkeilten sich die Baumstämme und mutige Männer mussten sie lösen. Seit Ende des 19. Jahrhunderts ist die Partnachklamm öffentlich zugänglich, zu Beginn allerdings nur auf schmalen und nicht ungefährlichen Steigen. Heute durchquert man sie auf gesicherten Wegen und über eine 68 Meter über dem Fluss gelegene eiserne Brücke, die 1914 angelegt wurde.

Haben Sie nach der Durchquerung der Klamm noch Lust auf eine schöne Wanderung? Die Partnachklamm ist Ausgangspunkt für zahlreiche Wanderungen im Reintal-, Hausberg-, Kreuzeck- und Ferchenbachtalgebiet.

Anfahrt Öffentlich: Bahnlinie München–Garmisch-Partenkirchen, ab Garmisch-Partenkirchen Bus nach Burgrain. **Auto:** A 95 München–Garmisch bis Autobahnende, auf B 2 Richtung Garmisch-Partenkirchen, durch Farchanter Tunnel nach Burgrain.

Informationen Burg Werdenfels, Ortsteil Burgrain, 82467 Garmisch-Partenkirchen; www.burgenwelt.de.

Öffnungszeiten Ganzjährig frei zugänglich.

Burg Werdenfels

90

Wie bei den meisten Ruinen ranken sich auch um die Burgruine Werdenfels so manche Sagen. Angeblich hatten Hirten und Wanderer noch vor einigen Jahrzehnten immer wieder eine Begegnung mit der »Weißen Frau«. Außerdem soll hier ein Schatz vergraben sein, der bis heute nicht gehoben ist. Glauben Sie's?

Wahr oder nicht – eines ist sicher: Bei gutem Wetter haben Sie von der Burgruine, die etwa 80 Meter über dem Loisachtal zwischen Garmisch und Farchant liegt, einen fantastischen Blick auf das Wettersteingebirge, die Alpspitze, Garmisch und die Sprungschanze. Packen Sie Ihr Fernglas ein. Es lohnt sich!

Heute ist die ehemals stolze Burg nur mehr als Ruine erhalten. Ihre einstige Größe lässt sich aber noch erahnen. Erbaut wurde die Burg Werdenfels um das Jahr 1219. Als Bauherr gilt Otto VII., Graf von Andechs. Erstmals urkundlich erwähnt wurde die Burg im Jahre 1294, als einer der Nachkommen von Otto VII. einen Teil der Grafschaft – und damit auch die Burg – an Graf Berthold III. von Eschenlohe verkaufte. Der Preis waren eine jährliche Leibrente von 4800 (!) Liter guten Bozener Weines und 20 Pfund Münchner Pfennige. Auf Grundlage dieser Abtretung entstand wenig später die Grafschaft Werdenfels, die der Burg ihren Namen verlieh.

Anders als auf den meisten Burgen haben auf Burg Werdenfels nie Ritter und Landsknechte gekämpft. Die Burg war vielmehr der Verwaltungs- und Gerichtsort der gleichnamigen Grafschaft. Es wurden Mörder, Diebe und Wilderer ins Bergverlies eingesperrt, Todesurteile verhängt und um 1600 sollen hier sogar Hexenprozesse stattgefunden haben.

Mit der Säkularisation fiel die Burgruine 1802 an das Königreich Bayern. Seit 1822 ist sie in Privatbesitz. Sie ist aber trotzdem öffentlich zugänglich.

ANTENNE BAYERN TIPP

Das gefällt auch Kindern: Eine leichte, kurze Wanderung führt von Burgrain (Ortsteil von Garmisch-Partenkirchen) zur Burg Werdenfels. Los geht es am Wanderparkplatz in Burgrain. Die Wanderung dauert ca. 45 Minuten und ist ausgeschildert.

Anfahrt **Öffentlich:** Bahnlinie München–
Garmisch-Partenkirchen. **Auto:** A 95 München–
Garmisch, bis Zugspitzbahnhof.

Informationen Tourist-Information
Garmisch-Partenkirchen, Richard-Strauss-Platz 2
Tel. 08677/8870; www.gapa.de; www.zugspitze.de

Zugspitze

91

Viele Wege führen auf Deutschlands höchsten Berg, die Zugspitze.
Doch man muss kein geübter Bergsteiger sein, um den 2962 Meter
hohen Gipfel zu erklimmen. Nehmen Sie die Bahn! Ganz bequem geht
es in landschaftlich reizvoller Umgebung nach oben.

Los geht's mit der Zahnradbahn in Garmisch-Partenkirchen. »Bitte alle einsteigen« – und schon beginnt die Fahrt. Sie macht nicht nur eingefleischten Eisenbahnfans Spaß. Auf einer Länge von 7,5 Kilometern geht es zunächst nach Grainau, wo die eigentliche Bergstrecke beginnt. Der Zug fährt steil bergauf, am Eibsee vorbei nach Riffelriss. Dahinter geht es durch den fast viereinhalb Kilometer langen Zugspitztunnel zum unterirdischen Bahnhof am Schneefernerhaus. Dort steigen wir in die Gletscherbahn, die uns in wenigen Minuten zum Gipfel bringt. Es erwartet uns ein einzigartiges Rundum-Panorama mit Blick auf über 400 Gipfel in Österreich, Italien, der Schweiz und Deutschland. Wenn Sie sich für Geschichte interessieren, lohnt sich ein Besuch der Ausstellung »Tourismus, Technik, Natur – die Zugspitze«. Sie macht die bewegende Historie von 1820 bis heute wieder lebendig. Anschließend laden die »Gipfelalm«, Deutschlands höchster Biergarten, und die »Panorama-Lounge 2962« zum Entspannen ein. Mit der Eibsee-Seilbahn kommen wir wieder hinunter ins Tal. Bei der Fahrt eröffnen sich tolle Blicke auf den romantischen Eibsee und hinein ins Alpenvorland. Vom Eibsee fährt die Zahnradbahn wieder gemütlich zurück nach Grainau und Garmisch-Partenkirchen.

Entsprechende Kondition vorausgesetzt, können Sie Deutschlands höchsten Berg natürlich auch zu Fuß bezwingen. Es gibt verschiedene Aufstiegsrouten: Von Grainau durch das Höllental, von Partenkirchen durch die Partnachklamm und das Reintal und von Ehrwald auf der Tiroler Seite über die Westflanke auf den Gipfel. Je nach Kondition und Route müssen Sie mit sieben bis acht Stunden für den Aufstieg rechnen. Zum Teil sind die Routen anspruchsvoll und verlangen technisch einiges ab.

Anfahrt   **Öffentlich:** Bahnlinie München–
Garmisch-Partenkirchen, ab Garmisch-Partenkirchen Bus zum Eibsee. **Auto:** A 95 München–Garmisch, auf der B 2 Beschilderung zum Eibsee
folgen.

Informationen   Bayerische Zugspitz-
bahn Bergbahn AG, Olympiastraße 27, 82467
Garmisch-Partenkirchen, Tel. 08821/7970;
www.zugspitze.de; www.naturhochseil-
garten.de.

Eibsee

Südsee auf bayerisch: Türkisblau leuchtet das Wasser des Eibsees. Eingebettet zwischen Felsen und Wald liegt er malerisch auf 1000 Metern Höhe unterhalb der Zugspitze. Kein Wunder, dass er als einer der schönsten Seen der bayerischen Alpen gilt. Traumhaft präsentiert er sich auch von oben, nämlich aus der Gondel der Eibsee-Seilbahn.

Wenn Sie den Eibsee lieber aus ebenerdiger Perspektive kennenlernen möchten, empfehlen wir Ihnen den schönen Wanderweg rund um den See. In etwa zwei Stunden führt Sie die Route teils direkt am Ufer, teils durch romantischen Wald einmal um den See. Unterwegs genießen Sie einen Traumblick auf den Waxensteinkamm und die Zugspitze. Je nach Jahreszeit laden malerische Buchten zum Picknick, Sonnenbad oder erfrischenden Wasserbad ein. Wer's schnell mag, kann sich einer Motorbootfahrt anschließen. Romantische bevorzugen wohl eher ein Ruderboot. Auch im Winter ist der Eibsee überaus reizvoll. Dann kann man auf der zugefrorenen Seefläche Schlittschuh laufen oder spazieren gehen. Seinen Namen verdankt der See übrigens der Eibe, die früher sehr zahlreich um den See wuchs. Sollten Sie mit (größeren) Kindern unterwegs sein, könnten Sie den Ausflug an den Eibsee mit einem Abstecher in den nahegelegenen Hochseilgarten verbinden. Dafür wird dann aber bitte, ohne zu meckern, um den See gelaufen! Der Naturhochseilgarten »Eibsee-Zugspitze« liegt zwischen »Eibsee-Hotel« und »Eibsee-Alm« und ist bequem zu Fuß zu erreichen. Ausgerüstet mit Helm, Klettergurt, Sicherungsschienen und Karabinern erwarten die Kids dort über 18 verschiedene Übungen wie »Spiderman«, »T-Bone« oder die »Burmabrücke«. Mut und Schwindelfreiheit sind gefragt, denn es geht bis auf 17 Meter Höhe.

ANTENNE BAYERN TIPP

Sollten Sie zufälligerweise gerade heiraten wollen: Wie wäre es mit einer Trauung auf der größten der acht Eibseeinseln? Das »Reserl«, ein kleines Motorboot, bringt verliebte Paare dorthin zum »Ja-Sagen«. Eibsee-Hotel, Am Eibsee 1-3, 82491 Grainau/Garmisch-Partenkirchen, Tel. 08821/98810; www.eibsee-hotel.de.

93 Schmugglerpfad bei Füssen – der Schwärzerweg

In den Grenzgebieten zu Österreich blühte früher der Schmuggel. Auf geheimen und gefährlichen Wegen wurden Tabak, Strohrum und andere Güter nach Bayern eingeschleust. Möchten Sie wissen, wie es sich als Schmuggler anfühlt? Dann wandeln Sie auf dem Schwärzerweg im Faulenbacher Tal, einem der letzten Schmugglerpfade im Allgäu.

Vor 30 Jahren ist Hans Waibel, der letzte »große« Schmuggler aus Bad Faulenbach, gestorben. Um bei ihren gefährlichen Wanderungen nicht erkannt zu werden, färbten die Schmuggler ihre Gesichter schwarz – daher der Name Schwärzerweg. Heute wird auf dem Schwärzerweg nicht mehr geschmuggelt. Dennoch macht es Spaß, dem versteckten Weg oberhalb des Lechs zu folgen. Am besten parken Sie auf dem großen Parkplatz am Ortsende von Bad Faulenbach und gehen vom »Badecafe« links am Waldrand entlang, bis ein Weg über fast zugewachsene Stufen auf den Rücken des Schwarzenbergs führt. Hier beginnt der alte Schmugglerweg, ein Trampelpfad durch den Hochwald. Zunächst geht es ein Stück über den Sattel in Richtung Ländeweg. Wenig später treffen Sie auf den in Serpentinen angelegten Abstieg. Sie halten sich jedoch auf dem zunächst auf der Höhe verlaufenden, dann leicht abfallenden Weg. Hier mündet der Schwärzerweg in den Ländeweg. Die nächste Möglichkeit, den Schwarzenberg wieder zu überqueren ist die Ländescharte. Vor dort gehen Sie wieder zum Badecafé und nach Bad Faulenbach zurück.

Anfahrt   Öffentlich: Bahnlinie München–Füssen, ab Füssen Bus nach Bad Faulenbach. **Auto:** A 96 München–Lindau, Ausfahrt Jengen/Kaufbeuren, B 12 Richtung Jengen/Kaufbeuren/Kempten/Marktoberdorf, B 16 nach Füssen/Marktoberdorf-Ost/Biessenhofen, nach Bad Faulenbach.

Informationen   Tourist-Information Füssen/Bad Faulenbach, Kaiser-Maximilian-Platz 1, 87629 Füssen, Tel. 08362/93850. Für eine geführte Tour auf dem Schmugglerpfad (ca. eineinhalb Stunden) melden Sie sich im Hotel »Jakob« im Faulenbacher Tal an, Tel. 08362/91320.

94 Alpspitze – der Nessel-wanger Allzweckberg

Ein perfektes Ziel für den Familienausflug: die Alpspitze bei Nessel-wang. Der Nachwuchs freut sich über die längste Sommerrodelbahn im Allgäu. Die Eltern genießen die traumhafte Landschaft und den herrli-chen Blick bis zum Schloss Neuschwanstein und zur Zugspitze. Und allen schmecken die Kässpatzen in der Kronenhütte.

Wir empfehlen Ihnen eine der schönsten Wanderungen rund um die Alp-spitze: Den Wasserfallweg bei Nesselwang. Diese abenteuerliche Route am Wildbach macht auch Kindern Spaß, zumal nach etwa einer Stunde Gehzeit das Ziel erreicht ist: die Sommerrodelbahn.

Los geht's am Parkplatz der Alpspitzbahn am Gebirgsbach entlang. Schon der erste Wassergumpen ist für die Kinder ein wunderbarer Aben-teuerspielplatz. Auch Erwachsene lädt er zu einem kühlen Fußbad ein. Beim weiteren Aufstieg werden Sie bestimmt des Öfteren stehenbleiben und die traumhafte Sicht genießen. Über Treppen und Pfade führt der Weg dann bis zur Wasserfallkrone. Von hier schauen Sie etwa 50 Meter in die Tiefe. Und schon ist es nicht mehr allzuweit zur Sommerrodelbahn in der Nähe der Kronenhütte bei der Mittelstation. Eine wunderbare Gele-genheit, sich vor dem Rodeln mit den berühmten Allgäuer Kässpätzle zu stärken. Danach geht's mit »Juchee« auf dem Rodel 1000 Meter bergab, über dreizehn Kurven und sogar durch einen Tunnel!

Anfahrt **Öffentlich:** Bahnlinie Mün-chen–Kempten, ab Kempten Regionalbahn nach Nesselwang. **Auto:** A 96 München–Lindau, Ausfahrt Jengen/Kaufbeuren, auf B 12 Richtung Jengen/Kaufbeuren/Kemp-ten/Marktoberdorf, Auffahrt B 472 nach Marktoberdorf-West/Unterthingau/Geisen-ried, Ausschilderung nach Nesselwang folgen.

Informationen Sommerrodelbahn Alpspitzbahn, Alpspitzweg 5, 87484 Nessel-wang, Tel. 08361/771, für Kinder geeignet, Rodelverleih möglich (Einsitzer, Zweisitzer), Kinder von 3-7 Jahren nur auf Zweisitzer in Begleitung eines Erwachsenen; www.alp-spitzbahn.de.

Öffnungszeiten Täglich 9–16.30 Uhr.

Burgruinen und Höhle bei Pfronten

95

Zwei gut erhaltene mittelalterliche Burgen in traumhafter Voralpen-landschaft, dazu eine geheimnisvolle Höhle, die den Entdeckergeist weckt. Auch Kindern macht das Wandeln auf ritterlichen Pfaden und das Schleichen durch die enge Drachenkopfhöhle mächtig Spaß.

Die imposante **Burg Eisenberg** wurde im 14. Jahrhundert erbaut. Im Laufe ihrer Geschichte wechselte sie mehrmals die Besitzer. Im Jahr 1525 wurde sie im Bauernkrieg besetzt. 1646, kurz vor Ende des dreißigjährigen Krieges, brannten die Tiroler Landesherren die Burg ab. Seitdem blieb sie eine Ruine. In den 1980er-Jahren rettete sie der Burgenverein »Eisenberg e.V.« vor dem Verfall.

Um zur **Burgruine Hohenfreyberg** aus dem 15. Jahrhundert zu gelangen, müssen Sie ein Stück des Wegs, den Sie zur Burg Eisenberg gewandert sind, zurückgehen, bis ein Schild den Weg weist. 1646 erlitt Hohenfreyberg das gleiche Schicksal wie die benachbarte Eisenberg. Sie wurde in Brand gesteckt, damit sie der Feind nicht als militärischen Stützpunkt aktivieren konnte. Seit 1995 wird die Burgruine erforscht, erhalten und erschlossen.

> **ANTENNE BAYERN TIPP**
>
> Ganz in der Nähe von Pfronten liegt auf 1267 Metern, mächtig auf einem exponierten Berggipfel thronend, die Burgruine Falkenstein – Deutschlands höchste Burgruine. König Ludwig II. wollte hier seinen letzten Traum verwirklichen. Burgruine Falkenstein, Am Schlossanger, 87459 Pfronten.

Anfahrt **Öffentlich:** Bahnlinie München–Kaufbeuren, ab Kaufbeuren Regionalbahn nach Weizern-Hopferau, vom Bahnhof aus Sammel-Taxi (mindestens 1 Stunde vorher anrufen), Tel. 08363/924692. **Auto:** A 96 München–Lindau, Ausfahrt Jengen-Kaufbeuren, Richtung Marktoberdorf, in Osterreuten rechts nach Eisenberg.

Informationen Touristikbüro Eisenberg, Pröbstenerstr. 9, 87637 Eisenberg, Tel. 08364/240; www.eisenberg-allgaeu.de.

Öffnungszeiten Ganzjährig geöffnet.

96 Gebhardshöhe

»Logenplatz mit Bergblick« – den gibt es gratis von der Gebhardshöhe bei Rettenberg im Allgäu. Der herrliche Aussichtspunkt bietet grandiose Ausblicke. Ein Holzpavillon zum Ausruhen und Genießen verschönert das wunderbare Fleckchen Erde. Ein interessanter Lehrwanderweg macht das Ganze zu einem gelungenen Tagesausflug.

Vom Wanderparkplatz in der Kranzegger Straße in Rettenberg gehen Sie zunächst in Richtung Immenstadt bis zum Gästeamt und dann auf der gegenüberliegenden Seite die Bergstraße hinauf. Dort biegen Sie in den Falkensteinweg ein und wandern auf einem ansteigenden Feldweg in Richtung Gebhardshöhe. Über einen schmalen Wiesenpfad kommen Sie direkt zu dem beliebten Aussichtspunkt mit seinem schönen Pavillon. Das erste Ziel des Ausflugs haben Sie erreicht.

Nach gebührender Pause geht es weiter zum aufschlussreichen Lehrwanderweg. Vom Pavillon aus wandern Sie bergab zum Weiher. Kurz davor biegen Sie links ab. Am Fußballplatz vorbei überqueren Sie wenig später die Hauptstraße und gehen in Richtung Rettenberg auf dem Fuß- und Radweg nach Altach. Dort angekommen halten Sie sich in Richtung Bichel und biegen wenig später nach Hasengarten ab. Hier finden Sie die erste Tafel des etwa zweieinhalbstündigen Lehrwanderweges, dem Sie nun folgen. Im weiteren Verlauf bekommen Sie allerlei interessante Informationen über die Geschichte und Geographie des Rettenbergs.

Anfahrt   **Öffentlich:** Bahnlinie München–Immenstadt, ab Immenstadt Bus nach Rettenberg. **Auto:** A 96 München–Lindau, Ausfahrt Jengen/Kaufbeuren, B 12 Richtung Jengen/Kaufbeuren/Kempten/Marktoberdorf, A 7 über Füssen/Lindau/Oberstdorf, Ausfahrt Dreieck Allgäu, A 980 Richtung Lindau/Oberstdorf/B 12, Ausfahrt Waltenhofen, B 19 Richtung Oberstdorf/Immenstadt, St 2006, St 2007 nach Rettenberg.

Informationen   Gästeinformation Rettenberg, Bichelweg 2, 87549 Rettenberg, Tel. 08327/92040; www.rettenberg.de.

Buchenegger
Wasserfälle

97

Zwischen Steibis und Buchenegg im Bergwald versteckt liegt ein »Erlebnisbad« der ganz anderen Art: die Buchenegger Wasserfälle. Tosendes Wasser ergießt sich auf zwei Terrassen in Pools, von denen der untere als Swimmingpool genutzt werden kann. Also Badesachen mitnehmen und rein ins nasse Vergnügen!

Sie erreichen die Buchenegger Wasserfälle auf einer Wanderung ab Steibis in etwa eineinviertel Stunden. Ausgangspunkt ist die Sennerei in Steibis. Über Achrain kommen Sie auf den Christl-Cranz-Weg am Waldrand. Wenig später geht es halblinks durch einen Tobel zum nächsten Abzweig. Dort gehen Sie links bergab zu den Alpen »Neugschwend« und »Neugreuth«, wo Sie nett einkehren können. Der weitere Weg verläuft steil hinunter zu den Wasserfällen. Für den Rückweg gehen Sie beim Abzweig links bergauf zum Gasthof »Hirsch«. Dann folgt ein kurzes Stück auf der Straße, bis Sie links auf den Kiesweg abbiegen. An seinem Ende folgen Sie der Anliegerstraße nach Imberg, halten sich rechts und wandern über den Kirchhang zurück nach Steibis.

Im Laufe von Jahrmillionen hat sich der Gebirgsbach Weissach tief in den Sandstein gegraben und zwischen Nagelfluhfelsen die Buchenegger Wasserfälle geschaffen. Ihr Wasser sammelt sich in zwei Becken oder »Gumpen«, wie man hier sagt. Sie sind beliebte Badeplätze.

Anfahrt **Öffentlich:** Bahnlinie München–Oberstaufen, ab Oberstaufen Bus nach Steibis. **Auto:** A 96 München–Lindau, Ausfahrt Jengen/Kaufbeuren, B 12 Richtung Jengen/Kaufbeuren/Kempten/Marktoberdorf, A 7 Füssen/Lindau/Oberstdorf, Ausfahrt Dreieck Allgäu, A 980 Richtung Lindau/Oberstdorf, Ausfahrt Waltenhofen, B 19 Richtung Oberstdorf/Immenstadt, B 308 Richtung Oberstaufen/Aach-Steibis/Balderschwang, bei St 2005 links, bis Steibis fahren.

Informationen Gästeinformation Steibis, Im Dorf 22, 87534 Oberstaufen-Steibis, Tel. 08386/8103, www.steibis.de; www.buchenegger-wasserfaelle.de.

Anfahrt **Öffentlich:** Bahnlinie München–Oberstdorf. **Auto:** A 96 München–Lindau, Ausfahrt Jengen/Kaufbeuren, A 7 Richtung Füssen/Autobahndreieck Allgäu, A 980 Richtung Oberstdorf, Ausfahrt Waltenhofen, bis Oberstdorf.

Informationen Breitachklamm, Klammstraße 45, 87561 Tiefenbach, Tel. 0 83 22/48 87; www.breitachklamm.com, www.oberstdorf.de.

Öffnungszeiten Sommer täglich 9–17 Uhr, Winter täglich 9–16 Uhr.

Oberstdorf und Breitachklamm

98

Bei diesem Ausflug ins Allgäu erleben Sie gleich zwei attraktive Ziele auf einmal: den hübschen Luftkurort Oberstdorf mit seinen schönen alten Bauernhäusern und die beeindruckende Wanderung durch die romantische Breitachklamm. Dabei handelt es sich übrigens um die tiefste Felsenschlucht Mitteleuropas.

Die Breitachklamm ist (fast) rund ums Jahr ein eindrucksvolles Erlebnis – sogar bei Regen und im Winter. Nur zur Schneeschmelze und im Spätherbst ist die Klamm geschlossen. Aber bitte beachten Sie: Stabiles Schuhwerk ist nötig und kleinere Kinder gehören an die Hand.

Der Eingang zur Breitachklamm liegt im Oberstdorfer Ortsteil Tiefenbach. Bevor Sie sich an ihre Durchquerung machen, werfen Sie einen Blick in das naturkundliche Informationszentrum, das über die Entstehung der Klamm informiert. Danach geht es ab in die Klamm. Auf gut ausgebauten Wanderwegen wandern Sie zum Felssturz – ein tolles Naturerlebnis! An die 100 Meter hohe, teils überhängende Wände ragen zu beiden Seiten des Flussbettes auf. Beeindruckend, welche Wege sich das Wasser in Jahrtausenden geschaffen hat. Ständig tun sich neue Perspektiven auf. Je nach Standort donnert das Wasser über Felsbänke, führt Äste mit sich, sprudelt durch Gumpen oder versprüht Tröpfchen.

Nach dem Felssturz kommen Sie über Treppen zum so genannten Zwingsteg. Beim Blick nach unten staunen Sie, wie tief die Schlucht ist. Jetzt drehen Sie um und gehen auf gleichem Weg wieder zurück – oder Sie unternehmen eine längere Wanderung, zum Beispiel zur Dornalpe.

Nach der Klammwanderung machen Sie sich auf nach Oberstdorf, der südlichsten Gemeinde Deutschlands. Dank seiner traumhaften Lage am Ende des Illertals, von hohen Gipfeln umgeben, ist Oberstdorf ein beliebter Urlaubsort, der seinen Gästen vielfältige Sport- und Wellnessmöglichkeiten anbietet. Das autofreie Zentrum mit alten Bauernhäusern und Geschäften lädt zum Bummeln ein. Ein Besuch in der Therme mit Wellenbad und Sauna darf nicht fehlen. Urlauber, was willst du mehr?

Anfahrt   **Öffentlich:** Bahnlinie München–Lindau. **Auto:** A 96 München–Lindau.

Informationen   ProLindau Marketing GmbH & Co. KG, Tel. 08382/260030; www.lindau.de. Fremdenverkehrsamt Bodolz, Tel. 08382/933014; www.bodolz.de. Tourist-Information Nonnenhorn, Tel. 08382/8250; www.nornenhorn.de. Tourist-Information Wasserburg, Tel. 08382/887474; www.wasserburg.de; www.bodensee.eu.

Bayerischer Bodensee und Lindau

99

Zugegeben, nur ein kleines Stück vom Bodensee gehört zu Bayern – doch dafür hat es diese Region in sich! Mediterranes Flair fast wie in Italien, endlose Uferpromenaden, kulinarische Genüsse, blühende Gärten, prunkvolle Schlösser, romantische Landkirchen. Am »Schwäbischen Meer« kann jeder glücklich werden.

Strahlender Mittelpunkt ist die **Insel Lindau**. Bei der Ankunft mit dem Dampfer begrüßt Sie der Bayerische Löwe, Wahrzeichen der Stadt. Zu empfehlen ist ein Aufstieg auf den »Neuen Leuchtturm«. Von oben haben Sie einen atemberaubenden Rundblick. Gegenüber steht der »Alte Leuchtturm«, auch Mangturm genannt. Von hier sind es nur wenige Schritte in die mittelalterliche Altstadt. Zu den wichtigsten Sehenswürdigkeiten zählt das gotische »Alte Rathaus« in der Maximilianstraße, die durch Patrizierhäuser aus dem 16. und 17. Jahrhundert beeindruckt. Gehen Sie durch das mittelalterliche Zitronengässle. Am Marktplatz liegt das Haus zum Cavazzen mit seinen schönen Fassadenmalereien. Das Lindauer Münster besticht durch seine heitere Rokokoausstattung, die Peterskirche durch Wandmalereien von Hans Holbein d. Ä.

Auf alle Fälle sollten Sie abseits der Touristenströme die kleinen Orte rund um Lindau besuchen: **Bodolz, Wasserburg** und **Nonnenhorn**.

Bodolz zwischen Wasserburg und Lindau erreichen Sie am schönsten zu Fuß oder mit dem Rad. Im Frühjahr, zur Zeit der Obstblüte, treffen Sie hier auf ein farbenfrohes Blütenmeer, im Sommer lädt das urige Dorffest zum Mitfeiern ein und im Herbst ist Obst- und Weinernte.

Beim Spaziergang durch das malerische **Wasserburg** stoßen Sie auf die Spuren seines Ehrenbürgers, des Schriftstellers Martin Walser. Den Nachwuchs interessieren vermutlich mehr das beheizte Freibad oder eine Fahrt mit der Pferdekutsche.

Im Weindorf **Nonnendorf** können Sie wunderbar ausspannen. Es ist zudem idealer Ausgangspunkt für Schiffsfahrten und Ausflüge. Wenn Sie Bodenseeweine schätzen: Juli, Besuch beim Winzer; August, Winzerfest.

Anfahrt **Öffentlich:** Bahnlinie München–Mindelheim. **Auto:** A 96 München–Lindau, Ausfahrt Mindelheim, Richtung Krumbach/Kirchheim i. Schw./Pfaffenhausen, bei B 16 rechts, Ausschilderung nach Mindelheim folgen.

Informationen Tourist-Information, Maximilianstraße 26, 87719 Mindelheim, Tel. 08261/991520; www.mindelheim.de.

Mindelheim

100

Auf den Spuren der Zeit wandeln Sie in Mindelheim, mit seinem in Deutschland einzigartigen Turmuhrenmuseum. Doch auch ein Spaziergang durch die historische Altstadt lockt mit Bürgerhäusern, Türmen, Toren und schmalen Gassen. Oder haben Sie Lust auf Kneippen? In und um Mindelheim gibt es hierzu viele Möglichkeiten.

Im Mindelheimer Turmuhrenmuseum ist die Zeit sozusagen stehengeblieben – um genauer zu sein bei 50 meist handgeschmiedeten Uhren aus der Zeit von 1562 bis 1933. Eine besondere Attraktion stellt die Nachbildung einer astronomischen Uhr von 1529 dar, deren vier Zeiger den Lauf von Sonne und Mond, ihre Stellung im Tierkreis, den Sonnenauf- und -untergang sowie Sonnen- und Mondfinsternisse anzeigen. Im 48 Meter hohen Kappelturm, den Sie über 155 Stufen ersteigen können, schlägt unter anderem die Uhr mit dem zweitlängsten Pendel der Welt. Ein weiteres Prunkstück der Ausstellung ist die barocke Klosteruhr aus Füssen, im Jahre 1750 von einem Klosterbruder kunstvoll angefertigt.

Eine Attraktion ganz anderer Art ist das seit 1853 alle drei Jahre stattfindende Frundsbergfest. Die nächsten Male im Juni/Juli 2012 und 2015. Für zehn Tage kehrt die ganze Stadt ins Mittelalter zurück, in die Zeit des Adelsgeschlechts der Frundsberger, die lange die Geschicke der Stadt bestimmt haben. Gefeiert wird zwischen den Toren und Türmen der Altstadt, mit historischen Festzügen, mittelalterlichem Lagerleben und Markt sowie zeitgenössischem Theaterspiel. .

Register

Bis zu 5 Personen. 1 Tag. Ganz Bayern.
Tipps und Kauf: bahn.de/bayern

Ticket gilt auch in: S U Tram Bus

Rein ins Erlebnis!
Mit Ihrem **Bayern-Ticket** zum Wandern.

© Kaiser-Reich Oberaudorf Kiefersfelden

Mit uns zu den schönsten Ausflugszielen in Bayern.

Bilderbuchlandschaften, ein abwechslungsreiches kulturelles Angebot und regionale Spezialitäten – Bayern ist ein Erlebnis für alle Sinne. Entdecken und erfahren Sie unsere Region mit Ihrer Familie oder Ihren Freunden und gönnen Sie sich eine Auszeit vom Alltag.

Mit Ausflugstipps im Erlebnisportal unter **bahn.de/bayern** und dem Bayern-Ticket sind Sie in Bayern günstig und bestens informiert unterwegs.

Die Bahn macht mobil.

Wir fahren für das **BAHNLAND BAYERN** *Zeit für Dich*   *Regio Bayern*

Impressum

Unser komplettes Programm:

www.j-berg-verlag.de

In Zusammenarbeit mit der Redaktion ANTENNE BAYERN: Detlef Kuschka, Claudia Germann
www.antenne.de
Produktmanagement J. Berg Verlag: Kerstin Thiele
Lektorat: Sabine Hensold, Stadtbergen
Gestaltung und Layout: Tilman Leher und Eva-Maria Klaffenböck, atelier-luk, München
Umschlaggestaltung: Studio Schübel, München
Kartografie: Heike Boschmann, Computerkartografie Carrle, München
Repro: Ludwig, Zell am See
Herstellung: Anna Katavic
Printed in Italy by Printer Trento S.r.l.

Bildnachweis: Alle Fotos von Bildverlag Bahnmüller, Geretsried; mit Ausnahme: S. 8 Aribert Martin, Rhöner Ballöner e.V., Bischofsheim; S. 14 Mike Bauersachs/Stadt Amorbach; S. 24, 54, 136, 138, 142, 144, 146, 150, 152, 158 Martina Gorgas; S. 50 AKTIEN Katakomben, Bayreuth katakomben@bayreuther-bierbrauerei.de; S. 76 unten DAV Erlangen (Höhlengruppe); S. 92 Andreas Mühlbauer, Furth im Wald; S. 120 Stadt Aichach.
Umschlagvorderseite: Bildagentur Huber, Garmisch-Patenkirchen: v.l.n.r. Burg Kipfenberg, Altmühltal, Stadt Regensburg, Lindau Bodensee, Fuggerei Ausgburg
Umschlagrückseite: Bildverlag Bahnmüller, Geretsried: v.l.n.r. Dampflokomotiven-Museum Neuenmarkt, Eibsee, Stadt Nürnberg, Breitnachklamm.

Die Deutsche Nationalbibliothek verzeichnet diese Publikation in der Deutschen Nationalbibliografie; detaillierte bibliografische Daten sind im Internet über http://dnb.d-nb.de abrufbar.

3. aktualisierte Auflage
© 2011 J. Berg Verlag in der Bruckmann Verlag GmbH, München
ISBN 978-3-86246-061-8